"一带一路"简明教程

罗平超　游玉庆　战振强◎主编

中国书籍出版社
China Book Press

本书编委会

前　言

随着"一带一路"建设的实施和推进，我国参与全球经济和文化融合的程度将进一步加深，这也为我国的经济社会发展带来了难得的历史性机遇。在此背景下，作为国家高等教育重要组成部分的高职教育，必须适应这一新的形势和要求，开拓国际化办学视野，树立国际化办学思维，促进高职教育转型发展。这就要求高职教育不仅要对内把脉，找准适合"一带一路"建设发展的契合点和着力点，同时也要向世界职业教育体系问诊，从国际秩序重建的高度，规划我国高职教育在"一带一路"建设中的战略布局和行动策略。从各个高职院校出发，则是要尽快将国际化维度渗透到课程、教学和学习的过程之中，帮助学生树立多元化的价值取向，提升学生的技术技能与综合素养，使学生掌握"全球能力"。

基于这样的考虑，我们组织编写了这本《"一带一路"简明教程》，旨在通过梳理"一带一路"的历史渊源、现实定位、未来前景，让高职学生从宏观和微观两个视角了解"一带一路"、认识"一带一路"，培养职业精神和国际视野，进而参与"一带一路"建设。

与国内研究型综合大学及重点本科院校对人才培养的定位不同，本教程主要针对使用人群为高职院校学生的特点，在介绍"一带一路"基本常识的前提下，特别强调对专业技能、工匠精神的培养，以增强针对性。全书共分"历史渊源　丝路辉煌与共同心声"、"现实定位　丝路新语与合作共赢"、"未来展望　丝路复兴与命运共同体"、"重要组成　丝路兴邦与工匠精神"四个部分，从宏观到微观，从历史到未来，全方位地介绍了"一带一路"的历史背景、现实意义、美好前景、人才需求等。

目前，国内针对高职院校学生出版的"一带一路"读本并不多见，作为一本具有创新性的教材，本书具有以下特色：目录设置采用教材通用的"编"、"章"、"节"结构，自然简洁；栏目设置上，每编有摘要，每章有前言和知识要点，提纲挈领，简明扼要；具体栏目上，则设计了情景导入（案例或图片）、时事热点解析、德能文化融入、拓展阅读、参考文献等多个模块，内容丰富，图文并茂。

需要指出的是，由于时间紧张和编者水平所限，本教程对"一带一路"的描述和介绍还比较粗浅，难免会有遗漏之处。但"一带一路"的建设是一个渐进的过程，随着建设的进展和认识的深化，我们也会及时地对其内容进行调整、补充和完善。另外，在编写时，编者还参阅了多种国内外相关著作和刊物，在此一并表示衷心感谢！

编　者

2017 年 12 月

目录
CONTENTS

第一编
历史渊源 丝路辉煌与共同心声

第三编

未来展望 丝路复兴与命运共同体

第四编

重要组成 丝路兴邦与工匠精神

第一编

历史渊源 丝路辉煌与共同心声

第一章 "赛里斯"：古代丝绸之路

·前言·

丝绸古道，西汉时期开拓；风沙大漠，驼铃摇荡千年。西汉武帝，一代圣贤，雄才大略，开疆拓边，派遣张骞出使西域，张骞不负君王重托，载誉返回长安。东汉明帝，派遣班超，再次出使西域。唐代贞观盛世，国门开放，盛世风范，广结善缘。古筑丝绸之路，意在开拓进取，犹如一条巨龙，用自己钢铁般的躯体开辟出沟通与交流的道路，挥洒着昔日王朝的辉煌。让我们一起乘着腾飞的翅膀，在那繁荣与开放的天空中展翅翱翔，一起找寻千年前沙漠里悦耳的驼铃声和那神秘的楼兰歌唱……

·本章知识要点·

- 古代丝绸之路的由来
- 沙漠丝绸之路的历史发展
- 丝路上的名人轶事
- "一带一路"与工匠精神

【情景导入】

赛里斯

"赛里斯"即"丝国"之意，古代外国已经知道中国产丝，是历史上外国对"中国"的别称之一。西方学者谈到赛里斯时，多为赞誉之词，比如"其人诚实，世界无比""举止温厚""习惯俭朴，喜安静都市以度日"，再如"物产丰富""气候温和，空气清新"等等。

历史上曾经记载过这样一件事。一次，古罗马的恺撒大帝去剧场看戏，他身上那件绚丽夺目的长袍使所有的观众目瞪口呆。大家目不转睛地盯着皇帝的新装赞不绝口，连看戏的心思都没有了。一打听，才知道那件漂亮的长袍是用中国的丝绸制作的。从那以后，华丽的中国丝绸在欧洲各国出了名，用中国丝绸制作的衣服，成了最时髦、最讲究的服装，丝绸也被誉为最珍贵的衣料，甚至和黄金等价。人们把中国叫做"赛里斯"，就是"丝绸之国"的意思。那时候交通不便，没有公路，没有铁路，更没有汽车和飞机，罗马位于中国西侧七千多公里的地方，中间隔着茫无边际的沙漠、冰雪覆盖的高山和偏僻的荒野，自然条件非常恶劣，沿途还有强盗和野兽的袭击。那么，中国丝绸究竟是如何运到欧洲去的呢？原来，有一条横贯亚洲、以丝绸贸易为主的古代商路，这条道路以我国当时的首都长安为起点，向西北延伸到地中海东海岸，辗转到达罗马各地，历史学家称之为"丝绸之路"。为了开辟这条道路，汉代伟大的探险家、外交家张骞献出了毕生的精力。

图1-1　中国丝路商队

第一节　古代丝绸之路的由来

丝绸之路由德国地理学家李希霍芬于1877年提出，此后，各种著述层出不穷。关于丝绸之路的概念也有所拓展，如海上丝绸之路、草原丝绸之路、西南丝绸之路等。丝绸之路其实并不是一条明确的路，只是一个通道，或是一个交流带，这个通道东起中国、西达欧洲，是连接欧亚大陆的交通带。

一、国外学者提出的丝绸之路

19世纪末，德国地质地理学家李希霍芬在《中国》一书中，把"从公元前114

年至公元127年间，中国与中亚、中国与印度间以丝绸贸易为媒介的这条西域交通道路"命名为"丝绸之路"，这一名词很快被学术界和大众所接受，并正式运用。

这条道路主要是指欧亚之间的一条陆路通道（后被称为沙漠绿洲丝绸之路），中途经过亚洲腹地，在干旱的沙漠、戈壁和高原中由绿洲相连而成。中间又有分道，如从西安出发经河西走廊到敦煌后，就在新疆境内分为南、中、北三道，其中南、中两道到喀什又汇成一道，翻越帕米尔高原后进入中亚地区。通过乌兹别克斯坦、吉尔吉斯斯坦、塔吉克斯坦、土库曼斯坦等为主的中亚两河流域，到达伊朗高原，然后再到达地中海沿岸。后来，德国历史学家郝尔曼在20世纪初出版的《中国与叙利亚之间的古代丝绸之路》一书中，根据新发现的文物考古资料，进一步把丝绸之路延伸到地中海西岸和小亚细亚，确定了丝绸之路的基本内涵，即它是中国古代经过中亚通往南亚、西亚以及欧洲、北非的陆上贸易交往的通道。

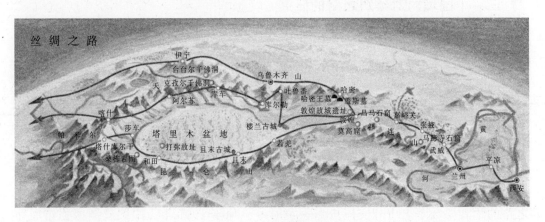

图1-2 古代丝绸之路

最早提出海上丝绸之路的应该是法国汉学家沙畹，1903年，他在其《西突厥史料》书中说到丝绸之路可分为陆路和海路两条。1968年，三杉隆敏出版了《探索海上丝绸之路》一书。而在中国，陈炎是最早关注和研究海上丝绸之路的学者，他于1980年正式提出这一说法，而后又发表了一系列关于海上丝绸之路的文章。至于海上丝绸之路的具体涵盖范围，则包括意大利、希腊、土耳其、埃及、阿曼、巴基斯坦、印度、斯里兰卡、泰国、马来西亚、印尼、文莱、菲律宾、中国、韩国和日本等国。

关于草原丝绸之路的提出，目前没有一个较为明确的说法。西方学者更多地将其称作草原之路，其实就是一条天然的草原通道。因为在欧亚大陆的地理环境中，北亚遍布寒冷的苔原和亚寒带针叶林，中亚又有崇山峻岭和戈壁沙漠，只有在北纬40°至50°之间的中纬度地区，才有利于人类东西向的交通活动，而这个地区恰好就是草原地带。这一地区向西可以连接中亚和东欧，向南越过阿勒泰山可以连接新疆，向东南则可通往中国的中原地区。

二、联合国教科文组织：关于丝绸之路路线的五次考察

关于丝绸之路路线的研究，最有影响力的应数联合国教科文组织的丝绸之路项目——"丝绸之路的整体研究：对话之路"。这是自 1988 年开始历时 10 年的大型学术活动，期间共进行了五次考察：1990 年从西安到喀什的沙漠丝绸之路、1990~1991 年从威尼斯到大阪的海上丝绸之路、1991 年中亚草原丝绸之路、1992 年蒙古游牧丝绸之路，以及 1995 年尼泊尔佛教丝绸之路。除了佛教这一小段亚洲国家之间的通道外，其余的就是沙漠丝绸之路、海上丝绸之路及草原丝绸之路（中亚草原丝绸之路和蒙古游牧丝绸之路刚好是一条草原丝绸之路）。

三、中国境内对丝绸之路的研究

关于中国境内的丝绸之路，中国学者徐苹芳在《考古学上所见中国境内的丝绸之路》中提到四条：一是汉唐两京（长安和洛阳）经河西走廊至西域路，这是丝绸之路的主道，它因通过新疆的塔克拉玛干沙漠和中亚的若干沙漠地区而被称为丝绸之路的沙漠路线；二是中国北部的草原丝绸之路；三是中国四川、云南和西藏的西南丝绸之路；四是中国东南沿海的海上丝绸之路。

从欧亚大陆上的东西文化交流通道来说，现在较为公认的丝绸之路有三大路线：沙漠绿洲丝绸之路、海上丝绸之路和草原丝绸之路。能真正完整描述三条丝绸之路的学者要数著名中外交流史专家黄时鉴，他于 1991 年为中国丝绸博物馆展厅绘制了一幅网络式的丝绸之路全图，对此图黄时鉴还著有专文论述。

西南丝绸之路，从四川进入西藏，过尼泊尔而到达印度，或经大理而入缅甸。此后它又可以分为两路，一路可以北上到达中亚，融入沙漠丝绸之路，另一路南下连通海上丝绸之路。

四、古代丝绸之路的起源

丝绸之路是在世界文明发展的背景下形成的。从目前来看，丝绸之路的形成与发展可以分成三个大的阶段，包括以草原丝路为主的青铜时代到早期铁器时代，以沙漠和绿洲丝路为主的战国汉唐时期和以海上丝路为主的宋元明时期。

早在五千年前，世界古代文明格局已经初步形成，古埃及、古巴比伦、古印度和中国四大文明古国分别在世界不同地区，在欧洲则是米诺斯—迈锡尼文明，但人们对这一时期的草原几乎一无所知。当整个世界进入青铜时代后，这些文明的区域都相对集中，而文明的交往选择了最为方便的草原途径并依赖游牧民族来进行。于

是，人们对辽阔无垠的草原民族开始有所了解，他们的活动地域就在欧亚草原之上。

虽然草原丝绸之路的很多贸易细节已不清晰，但我们可以在希腊文献中读到大量关于丝绸的记载。维吉尔在《田园诗》中写道："赛里斯人从他们那里的树叶上采集下了非常纤细的羊毛。"老普林尼在其《自然史》一书中生动地描述了赛里斯人和他们一起向树木喷水冲刷下树叶上的白色绒毛，并用此完成纺线和织造这两道工序。直到包撒尼雅斯（公元2世纪）开始，人们才知道丝绸来自于一种叫蚕的昆虫，但他在《希腊志》中对蚕的描述却近似于蜘蛛。

第二节 沙漠丝绸之路的发展历程

广义上的丝绸之路是指从上古时期开始陆续形成的，遍及欧亚大陆甚至包括北非和东非在内的长途商业贸易和文化交流线路的总称。沙漠丝绸之路，是狭义的古代丝绸之路，是丝绸之路的主道。西汉（前206年~公元25年）时，张骞出使西域开辟的以长安（今西安）为起点（东汉时以洛阳为起点），经甘肃、新疆到中亚、西亚，并联结地中海各国的陆上通道，这条道路被称为"西北丝绸之路"，以区别日后另外两条冠以"丝绸之路"名称的交通路线。

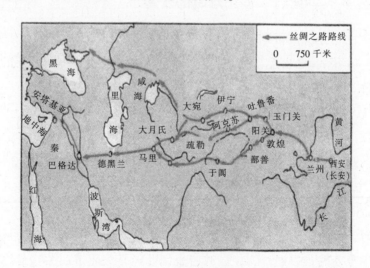

图1-3 沙漠丝绸之路路线

丝绸之路是历史上横贯欧亚大陆的贸易交通线，促进了欧亚非各国和中国的友好往来。中国是丝绸的故乡，在经由这条路线进行的贸易中，中国输出的商品中丝绸最具代表性。张骞通西域后，正式开通了这条从中国通往欧、非大陆的陆路通道。这条道路，由西汉都城长安出发（东汉时由都城洛阳出发），经过河西走廊，然后分为两条路线：一条由阳关，经鄯善，沿昆仑山北麓西行，过莎车，西逾葱岭，出大月氏，至安息，西通犁靬；另一条出玉门关，经车师前国，沿天山南麓西行，出疏勒，西逾葱岭，过大宛，至康居、奄蔡（西汉时游牧于康居西北即咸海、里海北部草原，东汉时属康居）。

一、公元前1世纪以前的上古时期

早在远古时期，虽然人类面对着难以想象的天然艰险的挑战，但是欧亚大陆东西之间并非像许多人想象中那样隔绝。在尼罗河流域、两河流域、印度河流域和黄河流域之北的草原上，存在着一条由许多不连贯的小规模贸易路线衔接而成的草原之路，这条路就是最早的丝绸之路的雏形。

早期的丝绸之路并不是以丝绸贸易为主，而多是出售新疆的和田玉、海贝等沿海特产。同时，产自今阿富汗巴达克山的青金石是在早期丝绸之路上占有重要地位的商品之一，在中国、印度、埃及等国家之间交易流转。

随着公元前5世纪左右河西走廊的开辟，带动了中国对西方的商贸交流，但因战争的到来，上古曾经存在过的贸易往来，也逐渐变成了传说和神话，残留在东西方人民的心中。

二、公元前1世纪到7世纪丝路的发展

公元前2世纪，汉武帝刘彻为打击匈奴第一次派张骞出使西域（前138年~前126年，历时13年）。史书上把张骞的首次西行誉为"凿空"，即空前的探险，这是历史上中国政府派往西域的第一个使团。

公元前119年张骞第二次出使西域，时经四年先后到达乌孙国、大宛、康居、大月氏、大夏、安息、身毒等国，此时汉朝实行"广地万里，重九译，威德遍于四海"政策，汉武帝鼓励商人与西域各国开展贸易，进行文化交流，同时设立了"西域都护府"，以汉朝在西域设立官员为标志，丝路开始进入繁荣时代。《后汉书》中记载了公元166年罗马使节通过丝路来到中国，并建立了大使馆。

东汉以后，由于内患，自汉哀帝后政府放弃了对西域的控制，西域内部开始纷争不断，战争令商路难以通行，中国政府也因此经常关闭玉门关，最终导致丝路陷入半通半停的状态。

三、公元 7 世纪到 12 世纪二度繁荣

随着中国进入繁荣的唐代，设立安西四镇作为中国政府控制西域的机构，开放沿途各关隘，并打通了天山北路的丝路分线，将西线打通至中亚。

图 1-4 敦煌莫高窟壁画（局部）

与汉朝时期的丝路不同，不仅是阿拉伯的商人，印度也开始成为丝路东段上重要的一分子。往来于丝绸之路的人们也不再仅仅是商人和士兵，为寻求信仰理念、文化交流的人们也加入进来。丝路商贸活动可谓琳琅满目，令人眼花缭乱。从外奴、艺人、歌舞伎到家畜、野兽，从皮毛植物、香料、颜料到金银珠宝矿石金属，从器具牙角到武器书籍乐器，应有尽有。而外来工艺、宗教、风俗等随商进入的情况更是不胜枚举。

受到这条复兴了的贸易路线巨大影响的国家还有日本，日本使节从中国带回了很多西域文物，并且保存至今。

安史之乱以后唐朝衰落，相对稳定的南方对外贸易明显增加，带动了南方丝绸之路和海上丝绸之路的繁荣。

四、公元 12 世纪以后

唐代以后，由于中国经济中心的南移，北方陷入战火，生产停滞，这条贸易之路渐渐萧条。直至元代，蒙古帝国摧毁了以往在丝绸之路上的大量关卡和腐朽的统治，令丝绸之路的通行比以往各个朝代都要方便一些。蒙古帝国和它在中国的权利继承者，对这些从西方前来的旅行者报以非常欢迎的态度，元朝统治者甚至任命一些外国人主要是基督教徒，担任地方的行政长官。不过，沿着丝路前进的人们，大多是以宗教信仰及其他文化交流为使命，而不再是以商人为主导的丝绸之路了。

图1-5 玉门关遗址

当丝路的历史步入14世纪——中国称其为"明清小冰期"的开端后，西域地区脊背上已不再适合当时的人类居住，西北丝绸之路的东端几乎已经荒废，而西域各古国大多已不复存在，成为流沙之中见证丝路辉煌的遗迹。

第三节 古代丝绸之路的名人轶事

一、张骞开辟丝绸之路

张骞是汉武帝时期的人。公元前138年，他受命率使团前往西域，寻找并联络曾被匈奴赶跑的大月氏合力进击匈奴。张骞一行从长安起程，经陇西向西行进，当他们来到河西走廊一带后，就被占据此地的匈奴骑兵发现，张赛一行全部被抓获。

图1-6 张骞出使

匈奴单于知道了张骞西行的目的后，将他们软禁起来，还让张骞娶了匈奴女子为妻，一是监视他，二是诱使他投降。但是，张骞坚贞不屈，"持汉节不失"，一直在等待时机，准备逃跑，以完成自己的神圣使命。经过了十一个春秋，匈奴的看管渐渐松弛，张骞趁匈奴人不备，和他的随从一起逃出匈奴，继续向西行进。由于西域地势气候恶劣，加之他们仓促出逃，物资准备不足，一路上常常忍饥挨饿、干渴难耐，条件十分艰苦，不少随从倒毙途中。

一直奔波了好多天，终于越过沙漠戈壁，翻过冰冻雪封的葱岭（今帕米尔高原），来到了大宛国（今费尔干纳）。大宛王早就听说汉朝是一个富饶的大国，很想建立联系，但苦于路途遥远，交通不便，故一直未能如愿。因此，当听说汉朝使者来到时，喜出望外，在国都热情地接见了张骞。在大宛王的帮助下，张骞先后到了康居（今撒马尔罕）、大月氏、大夏等地。但大月氏在阿姆河上游安居乐业，不愿再东进和匈奴作战，张骞未能完成与大月氏结盟夹击匈奴的使命，但却获得了大量有关西域各国的人文地理知识。

张骞在东归返回的途中，再次被匈奴抓获，后又设计逃出，历尽千辛万苦，终于13年后回到长安。这次出使西域，使生活在中原内地的人们了解到西域的实况，激发了汉武帝"拓边"的雄心，后发动了一系列抗击匈奴的战争。

公元前119年，汉王朝为了进一步联络乌孙，断"匈奴右臂"，派张骞再次出使西域。这次，张骞带了三百多人，顺利地到达了乌孙，并派副使访问了康居、大宛、大月氏、大夏、安息（今伊朗）、身毒（今印度）等国家。但由于乌孙内乱，也未能实现结盟的目的。后来汉武帝派名将霍去病带重兵攻击匈奴，消灭了盘踞河西走廊和漠北的匈奴，建立了河西四郡和两关，开通了丝绸之路，并获取了匈奴的"祭天金人"，带回长安。

二、法显取经

法显，东晋时著名的僧人。公元399年，他为了弥补中国佛教经典中戒律部分的缺失，决定前往印度求取戒律经典。他与几位同道一起，从长安出发，经河西敦煌，过沙漠，越葱岭，历尽千辛万苦，有的旅伴甚至在途中死亡，最后终于到达印度。到达后便辗转流徙各地，凡遇到所求佛经，就进行抄写。后于413年从海路返回中国。回国以后，把所得佛经进行翻译，共译得6部63

图1-7 法显取经

11

卷。他把自己的取经历程记录下来，这就是《佛国记》，又名《法显传》或《历游天竺国记传》。这是一部记录丝绸之路和中印之间关系的重要著作。

三、玄奘取经

玄奘（公元 600~664 年），唐朝著名佛教僧人，俗姓陈，名祎，13 岁出家，玄奘是他的法名。他为了追求佛教学问，遍访名师，到处游历，对当时中国佛学各个门派的理论都进行了接触和理解。但他心中仍有许多疑问，于是决定到印度求访佛经，参验真理。

唐贞观元年（627 年），他从长安出发，经兰州，到凉州（今武威）及敦煌，独自一人冒险度过大戈壁，历尽艰险终到达伊吾（今新疆哈密）。在高昌王麴文泰的资助下，他通过丝绸之路的传统北道行进，终于到达印度，访问了慕名已久、当时规模最大的佛教寺院那烂陀寺。他在印度停留多年，足迹遍及整个印度国境，佛教学问更是无人能及，精通佛学全部经典，即经、律、论三种经藏，获得了"三藏法师"的称号，这是佛教的最高荣誉。最后，玄奘于贞观十九年（645 年）正月返回长安，唐太宗命令宰相率领朝臣出迎，长安更是万人空巷。归国以后，玄奘专心翻译带回的佛经，前后共译出 75 部，1335 卷。他创立了法相宗佛教学派，培养了一批著名弟子。

玄奘应唐太宗的要求，根据自己的游历，写下了《大唐西域记》，是记录当时西域和丝绸之路的珍贵典籍。他的生平事迹，则记录在他弟子慧立、彦悰所写的《大慈恩寺三藏法师传》里。玄奘取经历尽艰险，他的毅力和精神深深感动着后人，特别是根据他取经的故事写成的《西游记》，更令他成为家喻户晓的人物。

四、鸠摩罗什传经

鸠摩罗什（公元 344~413 年），著名佛教学者。他的名字又被翻译成鸠摩罗什婆、鸠摩罗耆婆，简称罗什。他的父亲是龟兹国（今新疆库车一带）的天竺（今印度）国师（受国王尊奉的最高佛学水准的代表），母亲是龟兹国王的妹妹。受母亲的影响，他七岁出家修炼佛学，天资聪慧，悟性高妙，精通多种语言，广学佛教的大乘和小乘，特别精通大乘学说。他在西域各国传教，声誉极高。公元 382 年，前秦名

图 1-8　鸠摩罗什

将吕光西征，迎罗什来中国，先在凉州(今武威)，后到长安（今西安）。公元401年，后秦姚兴更尊罗什为国师。他在长安主持佛经翻译，先后翻译佛典35部共294卷。他的工作，改变了以往中国佛经只有零星翻译的历史，使得大乘经典都有中译本，而且一改以往佛经翻译的朴拙风气，使中文佛经达到了意义通达的水准。他还培养了一批极有建树的佛教学家，历史记载，他的门徒有三千，其中著名的有僧肇、道生、道融、慧观等。鸠摩罗什把中国的佛教历史推进到了一个崭新的时期。

五、班超定西域

公元73年，西域被匈奴再度控制，汉明帝刘庄诏令大军西征。早已对整天抄写官报文牍感到厌烦的班超非常惊喜，加入了西征的队伍。成语 "投笔从戎"的典故就出自于此。在与匈奴的第一战中，班超带领36名精干的骑兵，凭借偷袭把匈奴军队打败。

班超在伊吾建立了西域战局的前哨基地，卓越的军事才能使他得到皇帝的赏识，皇帝派他出使西域，联络各城邦，共同对付匈奴。班超率领手下的36名壮士，南下五百公里，首先来到位于丝绸之路南道咽喉的鄯善。他们刚刚到达几天，匈奴的使者带着130人也赶到了。亲匈奴的鄯善王派人将班超一行监视起来。危急之中，班超对手下说"不入虎穴，焉得虎子"，这句话日后也成为了著名的成语。夜里，他们分兵两路，利用沙漠的大风火烧匈奴军营，斩杀逃窜者，将130名敌军全部消灭。匈奴的使团被斩杀，鄯善王担心报复，只能依附汉王朝。接着，班超来到西域三大城邦之一的于阗，于阗王与中央政权再次和好。

图1-9 班超出使

班超和他的36名勇士继续沿塔克拉玛干沙漠向丝绸之路中道和南道的交汇处——疏勒挺进。当时的城邦疏勒就位于现在喀什一带。这里的首领被匈奴杀害，一个龟兹的将军被扶植成傀儡，疏勒百姓敢怒不敢言。班超一行出其不意地兵临疏勒王宫——盘橐城下。36名勇士中一个名叫田虑的人主动向班超请缨，他只身进入盘橐城，劝说傀儡王立即投降。在与龟兹将军交谈的过程中，田虑发现身边的疏勒人与这个傀儡貌合神离，便一步冲上去，将傀儡王押出王宫。班超和勇士们旋风般扑向盘橐城，眨眼间兵不血刃便占领了疏勒。

从此，被匈奴封闭 65 年之久的丝绸之路再度开通，盘橐城的城墙历经 2000 年风雨至今屹立在喀什。班超在此驻守长达 17 年，他以这里为根据地，抗击匈奴，恢复了中央政权对西域的统治。

【德能文化融入】

助力"一带一路"建设，山东工匠点亮非洲

1304 年摩洛哥旅行家伊本白图泰乘船横跨半个地球，完成了摩洛哥人的首次中国之旅。而 711 年后的 2015 年，一直致力"走出去"的山东电建三公司，成功从欧美日韩的竞争中突破重围，签下中国人在"一带一路"末端国家——摩洛哥的首单电建项目，极具里程碑性的意义。

"昨夜斗北回，今朝岁起东。"在国内迎来 2017 年的 8 个小时后，摩洛哥东北部小城杰拉达迎来新年的第一天。在两万里之外非洲北部的摩洛哥杰拉达，山东人正默默坚守在异国他乡的工地，以别样的方式，走过 2016，迎接新年的到来。

"为了这一时刻，我和我的工友们，已经奋战了将近一年时间。"唐玉震是一名锅炉专业工程师，他的工作，是为山东电建三公司在摩洛哥的首个电站项目进行燃煤锅炉的建设与调试。这几天，正是锅炉打压试水的关键时刻，回家探亲的假期只能一拖再拖。

图 1-10　山东人在非洲

像唐玉震一样，在这个海外项目的国内六百名员工中，山东人超过四分之三，他们远离家乡，将山东人踏实肯干、精益求精的工匠精神带到了非洲大地。

"精于丝赢于时"，这是工匠们的标准。"国际标准是≤7.6 丝，我们的标准是≤7丝。"汽机专业主管姜继亮表示，"精于丝"是搭建这个国际标准的电厂蒸汽机组的

基本要求。为了让汽轮机组获得最佳的运行效果，机组安装的精确度都是以丝为单位，也就是 0.01 毫米。除了对工程质量要求的"精于丝"，"山东速度"已经成为跑赢欧美日韩的关键。从 2015 年启动，到 2017 年底提前完工，"山东速度"比欧美和日韩均要快上 1~2 年。

"这个项目是 350mw 燃煤机组，全部采用中国设计和中国机电设备，是中国电建企业第一次进入摩洛哥电建 epc 市场。"山东电建三公司杰拉达项目经理任远波表示，经过积极努力，业主同意了将之前建设要求的"欧美标准"改成了"中国标准"，这对改变国际市场对中国制造的偏见意义深远。

山东电力建设第三工程公司作为中国运作国际电站的 EPC 最早、在建项目最多、市场竞争力最强的专业化电力工程公司，自 2002 年开始大力开拓海外市场，从齐鲁大地，漂洋过海，先后进入包括摩洛哥、坦桑尼亚等非洲国家在内的 16 个国家和地区，以 EPC 方式承揽了 39 座海外大型电站工程，总合同额超过 230 亿美金。

跨越半个地球，扎根非洲大地。送走了忙碌的 2016，带着对家乡的思念和对亲人的牵绊，这些驻扎海外的山东游子通过各种形式同家人一起迎接新年。北京时间 31 号晚恰是摩洛哥当地时间的中午，忙里偷闲，丁欣夫妇和工地的同事一起包了饺子。"新年快乐，我们就快回去了，回去给我们准备好吃的！"丁欣夫妇通过手机视频，跟两万里外的家人打起了招呼，拿起手中的饺子，兴奋地给家人展示着自己的摩洛哥新年。

"虽然身边有另一半的陪伴，但心里还是无时无刻不牵挂着家里的父母。"丁欣是一位 90 后青岛姑娘，她和丈夫都是这一电站项目的职工。去年结婚的他们在 2016 年一起来到摩洛哥杰拉达项目，2017 年即将到来，全家人都能平安、两人爱情甜蜜是不能回家的他们最大的心愿。"妈妈对不起，我又失约了。"说起对 2017 年的展望，同样是 90 后的淄博姑娘徐凤月却想对妈妈说一句对不起。因为读书期间留学法国，连续五年的元旦徐凤月都没在家人身边度过。2016 年来到摩洛哥工作，2017 年和家人一起过年的约定又再次落空。"希望 2017 年，电站项目能顺利完工，年底回国和父母一起迎接 2018 年的到来。"

扎根非洲的山东人向世界传递着"工匠精神"。在摩洛哥杰拉达，由于经济发展滞后，当地的失业率高达 60%，除了来自国内的工程师，电站项目雇用当地工人超过 4000 余人次，从一定程度上缓解了当地就业难的问题。作为山东和中国在摩洛哥的首个电建项目，这个工程的提前完工，对山东企业和摩洛哥当地都有着非同寻常的意义。为了点亮非洲，越来越多的山东人克服重重困难，扎根非洲大地，他们坚韧不拔的"工匠精神"，正一步步将山东制造推向全球。

（来源 齐鲁网 2017.01.01）

第二章 "鸡公碗"：海上丝绸之路

·前言·

两千多年前，自张骞出使西域便揭开了陆上丝绸之路的大帷幕。从此以后，这条丝绸之路上，商旅行人、骆驼羊马络绎不绝，中外文明交流如火如荼。与此同时，一条海上丝绸之路也在秦汉之际登上历史舞台，奔走在这条道路上的人千百年来从未间断。这条海上丝绸之路从中国东南沿海开始，经过中南半岛和南海诸国，穿过印度洋，进入红海，抵达东非和欧洲，成为中国与国外贸易往来和文化交流的海上大通道，并推动了沿线各国的共同发展。海上丝绸之路起于秦汉，盛于唐宋元明，衰于明清时的海禁，漫漫两千年，见证了世间百态，沧海桑田。海上丝绸之路是一条跨越大海的路，把中国与世界连接。在这条道路上，中外使臣执节往返，各国商人赍货逐利，宗教信徒舍身弘法……

·本章知识要点·

- 海上丝绸之路的发展历程
- 郑和下西洋
- 21世纪海上丝绸之路

【情景导入】

鸡公碗

鸡公碗是以黑尾公鸡、芭蕉和花为图案的一种碗。鸡公碗很浅，口大底小，外面很随意地用红、墨绿、黑等简单的色彩描着一只公鸡，粗犷的工艺透着一种特殊的美感。它是广东和福建闽南地区独有特色的碗。鸡公碗是中国一种传统的家用陶器，最迟出现在明代成化年间，当时是王公贵族喜爱的珍品，在清朝时期以及1960年代时候是中低下阶层的普遍用具。在最初的农耕社会，人们日出而作，日落而息，公鸡打鸣就意味着一天劳作的开始，所以"鸡公碗"又叫"起家碗"，代表着发家致富的愿望。"鸡公碗"还有一些当地的风俗在里头，比如添男丁等，可见"鸡公碗"对农耕社会有着重要的寓意。随着时代的发展，虽然它的寓意已经不像原来那么重要，但人们对它的情感依旧很深。通过海上丝绸之路，"鸡公碗"漂洋过海，成为东南亚国家人民喜爱的日常生活用品，也成为中国与沿线各国人民友好往来的历史见证。

图 1-11　鸡公碗

第一节　海上丝绸之路的发展历程

在陆上丝绸之路不断衰落的过程中，随着国内造船及航海技术的不断发展，海上的贸易商路逐渐上升为对外交往的主要通道。海上丝绸之路是指古代中国与世界其他地区进行经济文化交流和交往的海上通道。2000 多年前，一条以中国徐闻港及合浦港等港口为起点的海上丝绸之路成就了世界性的贸易网络。

海上丝绸之路始于中国东南沿海，经过中南半岛和南海诸国，穿过印度洋，进入红海，抵达东非和欧洲，成为中国与外国贸易往来和文化交流的海上大通道，并推动了沿线各国的共同发展。唐代，我国东南沿海有一条叫做"广州通海夷道"的海上航路，这便是我国海上丝绸之路的最早叫法。在宋元时期，中国造船技术和航海技术的大幅提升以及指南针的航海运用，全面提升了商船远航能力。这一时期，中国同世界 60 多个国家有着直接的"海上丝路"商贸往来。

中国境内的海上丝绸之路主要有广州、泉州、宁波三个主港和其他支线港组成。从 3 世纪 30 年代起，广州已成为海上丝绸之路的主港。唐宋时期，广州成为中国第一大港，明初、清初海禁，广州长时间处于"一口通商"局面，是世界海上交通史上惟一的 2000 多年长盛不衰的大港；宋末至元代，泉州成为中国第一大港，并与埃及的亚历山大港并称为"世界第一大港"，后因明清海禁而衰落，泉州是唯一被联合国教科文组织承认的海上丝绸之路起点。东汉初年，宁波地区开始与日本有所交往，到了唐朝，成为中国的大港之一，两宋时，靠北的外贸港先后为辽、金所占，受战事影响，外贸大量转移到宁波。

一、海上丝绸之路的兴衰史

在秦朝以来两千余年的发展历程中，海上丝绸之路发生了很大的变化。海上丝绸之路的发展过程大致可分为五个历史阶段：海上丝绸之路形成期——秦汉；海上丝绸之路发展期——魏晋；海上丝绸之路繁盛期——隋唐；海上丝绸之路鼎盛期——宋元；海上丝绸之路由盛及衰——明清。

（一）海上丝绸之路形成期——秦汉

海上丝绸之路事实上早已存在。《汉书·地理志》所载海上交通路线，实为早期的海上丝绸之路，当时海船载运的"杂"就是各种丝绸。中国丝绸的输出，早在公元前，便已有东海与南海两条起航线。先秦时期中国长江以南的百越族是世界上分布最广的民族之一，他们拥有优秀的航海经验和冒险精神，足迹遍及太平洋和印度洋，史前时代起就开始了向远洋迁徙，马达加斯加、夏威夷、新西兰均有分布，其文化间接影响到印度洋沿岸及其岛屿，秦始皇统一岭南后发展的更快。当时番禺（今广州）地区已经拥有相当规模、技术水平很高的造船业。先秦南越国时期岭南地区的海上交往为海上丝绸之路的形成奠定了基础，主要的贸易港口有番禺和徐闻（今徐闻），由南越王墓出土的文物便是见证。

西汉中晚期和东汉时期海上丝绸之路真正形成并开始发展。西汉时期，南方南越国与印度半岛之间的海路已经开通。汉武帝灭南越国后凭借海路拓宽了海贸规模，这时海上丝绸之路兴起。《汉书·地理志》记载，其航线为：从徐闻（今广东徐闻县境内）、合浦（今广西合浦县境内）出发，经南海进入马来半岛、暹罗湾、孟加拉湾到达印度半岛南部的黄支国和已程不国（或以为今斯里兰卡）。这是目前可见的有关海上丝绸之路最早的文字记载。

东汉时期还记载了与罗马帝国第一次的来往。东汉航船已使用风帆，中国商人由海路到达广州进行贸易，运送丝绸、瓷器经海路由马六甲经苏门答腊来到印度，并且采购香料、染料运回中国，印度商人再把丝绸、瓷器经过红海运往埃及的开罗港或经波斯湾进入两河流域到达安条克，再由希腊、罗马商人从埃及的亚历山大、加沙等港口经地中海海运运往希腊、罗马两大帝国的大小城邦。

这标志着横贯亚、非、欧三大洲的、真正意义的海上丝绸之路的形成。从中国广东番禺、徐闻、广西合浦等港口启航西行，与从地中海、波斯湾、印度洋沿海港口出发往东航行的海上航线，就在印度洋上相遇并实现了对接，广东成为海上丝绸之路的始发地。随着汉代种桑养蚕和纺织业的发展，丝织品成为这一时期的主要输出品。

（二）海上丝绸之路发展期——魏晋

三国时代，魏、蜀、吴均有丝绸生产，而吴雄踞江东，汉末三国正处在海上丝绸之路从陆地转向海洋的承前启后与最终形成的关键时期。三国时期，孙吴由于同曹魏、刘蜀在长江上作战与海上交通的需要，积极发展水军，船舰的设计与制造有了很大的进步，生产技术先进，规模也很大。三国后的其他南方政权（东晋、宋、齐、梁、陈）也一直与北方对峙，促进了海洋、航海技术的发展以及航海经验的积累，也为海上丝绸之路发展提供了良好条件。

据对文献考证，孙吴造船业尤为发达，已经达到了国际领先的水准，孙吴所造的船，主要为军舰，其次为商船，数量多，船体大，龙骨结构质量高。这对贸易与交通的发展、海上丝路的进一步形成起了积极的推动作用。同时孙吴的丝织业已远超两汉的水平与规模，始创了官营丝织，而有自己独特的创新与发展，这也极大地促进与推动了中国丝绸业的发展。具有了出海远航的主客观条件，因而形成东海丝绸之路。

魏晋以后，开辟了一条沿海航线。广州成为海上丝绸之路的起点，经海南岛东面海域，直穿西沙群岛海面抵达南海诸国，再穿过马六甲海峡，直驶印度洋、红海、波斯湾。对外贸易涉及十五个国家和地区，丝绸是主要的输出品。

（三）海上丝绸之路繁盛期——隋唐

隋唐时期，广州成为中国的第一大港、世界著名的东方港市。由广州经南海、印度洋，到达波斯湾各国的航线，是当时世界上最长的远洋航线。

海上丝绸之路开辟后，在隋唐以前，即公元6~7世纪，它只是陆上丝绸之路的一种补充形式。但到隋唐时期，由于西域战火不断，陆上丝绸之路被战争所阻断。代之而兴的便是海上丝绸之路。到唐代，伴随着我国造船、航海技术的发展，我国通往东南亚、马六甲海峡、印度洋、红海及至非洲大陆的航路的纷纷开通与延伸，海上丝绸之路终于替代了陆上丝绸之路，成为我国对外交往的主要通道。

根据《新唐书·地理志》记载，在唐代，我国东南沿海有一条通往东南亚、印度洋北部诸国、红海沿岸、东北非和波斯湾诸国的海上航路，叫做"广州通海夷道"，这便是我国海上丝绸之路的最早叫法。当时通过这条通道往外输出的商品主要有丝绸、瓷器、茶叶和铜铁器四大宗；往回输入的主要是香料、花草等一些供宫

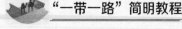

廷赏玩的奇珍异宝。这种状况一直延续到宋元时期。

（四）海上丝绸之路鼎盛期——宋元

宋代的造船技术和航海技术明显提高，指南针广泛应用于航海，中国商船的远航能力大大增强。宋朝与东南沿海国家绝大多数时间保持着友好关系，广州成为海外贸易第一大港。"元丰市舶条"标志着中国古代外贸管理制度又一个发展阶段的开始，私人海上贸易在政府鼓励下得到极大发展。但是为防止钱币外流，南宋政府于公元1219年下令以丝绸、瓷器交换外国的舶来品。这样，中国丝绸和瓷器向外传播的数量日益增多，范围更加扩大。

宋代海上丝绸之路的持续发展，大大增加了朝廷和港市的财政收入，一定程度上促进了经济发展和城市化生活，也为中外文化交流提供了便利条件。而元朝在经济上采用重商主义政策，鼓励海外贸易，同中国贸易的国家和地区已扩大到亚、非、欧、美各大洲，并制定了堪称中国历史上第一部系统性较强的外贸管理法则。海上丝绸之路发展进入鼎盛阶段。

（五）海上丝绸之路由盛及衰——明清

十五至十八世纪是人类历史上发生重大变革的时代。欧洲人相继进行全球性海上扩张活动，特别是地理大发现，开启了大航海时代，开辟了世界性海洋贸易新时代。西欧商人的海上扩张，改变了传统海上丝绸之路以和平贸易为基调的特性，商业活动常常伴随着战争硝烟和武装抢劫。

这一时期的明代海上丝绸之路航线已扩展至全球。向西航行的郑和七下西洋，是明朝政府组织的大规模航海活动，曾到达亚洲、非洲39个国家和地区，这对后来达·伽马开辟欧洲到印度的地方航线，以及麦哲伦的环球航行，都具有先导作用。向东航行的"广州—拉丁美洲航线"（1575年），由广州启航，经澳门出海，至菲律宾马尼拉港，穿圣贝纳迪诺海峡基进入太平洋，东行到达墨西哥西海岸。这样，开始于汉代的海上丝绸之路，经唐、宋、元日趋发达，迄于明代，达到高峰。郑和远航的成功，标志着海上丝路发展到了极盛时期。

明清两代，由于政府实行海禁政策，其间广州成为中国海上丝绸之路惟一对外开放的贸易大港，广州海上丝绸之路贸易比唐、宋两代获得更大的发展，形成了空前的全球性大循环贸易，并且一直延续和保持到鸦片战争前夕而不衰。而这在清代的外贸史上也是重要的转折点。进口商品中，鸦片逐渐占据了首位，并从原来的走私演化到合法化。

鸦片战争后，中国海权丧失，沦为西方列强的半殖民地，沿海口岸被迫开放，成为西方倾销商品的市场，西方不断掠夺中国资源和垄断中国丝、瓷、茶等商品的出口贸易。从此，海上丝路一蹶不振，进入了衰落期，这种状况一直延续了整个民

国时期，直至新中国成立前夕。

二、海上丝绸之路的作用和影响

实际上，海上丝绸之路是古代东方和西方国家之间经济、文化交流道路的一个代名词。从秦汉时期开通海上丝绸之路之后的两千多年中，这一通道一直是连接东西的交通要道，也是我国与世界各国进行经济、文化交往的重要渠道。它的作用主要体现在以下几个方面。

首先，海上丝绸之路是东西方海洋贸易的主要通道。中国是东方文明古国，中国产品历来在国际市场上很受欢迎。经由海上丝绸之路进行的东西方贸易，其进出口商品结构因时而变。唐代以前，中国出口的商品，主要是丝绸和黄金。进口的商品，主要是香料、珠玑、翠羽、犀角、象牙、玳瑁、琉璃、玻璃、玛瑙及各种宝石等奢侈品。唐代以后，陶瓷受到海外市场青睐，成为丝绸之外另一种主要的输出商品。明末，茶叶传入欧洲，成为中国最大宗的出口商品。进口商品除了传统的南洋诸地土特产外，增加了西洋货物如毛织品、棉织品、钟表、香水、皮毛、金属等。东西方各国正是通过"海上丝绸之路"等渠道进行经贸交往，丰富彼此间的经济生活，分享人类创造的物质文明。

其次，海上丝绸之路还是古代中外文化交流的重要通道。如唐朝的政治制度、文字艺术、宗教信仰、礼仪服饰等向韩日的传播，主要就是通过"东方海上丝路"实现的。而高丽乐、天竺乐也是通过海上丝绸之路进入中国的。"四大发明"对世界的贡献更是通过"陆海丝路"得到广泛传播。同样，西方文化特别是宗教也是通过"海陆丝路"影响着中国的。隋唐时期，日本通过"东方海上丝路"向唐正式派出19次每次约400人的遣唐使团来华学习、交流；新罗国与唐朝的关系更为密切，据统计，新罗国以各种名义向唐派出使节126次，唐向新罗国派使节34次。明代郑和从西洋返回时，许多国家都派使者甚至皇帝本人，乘郑和宝船并带来特产珍奇，返程时又带回更多的礼物。他们与我国保持了长期友好联系和贸易往来。

总之，海上丝绸之路不仅是沿线各国在物质上互通有无的商贸之路，也是各国文明交流的"文化交流之路"，有利于促进沿线国家的共同繁荣与发展，符合沿线各国人民的共同意愿。

第二节 郑和下西洋

海上丝绸之路形成于秦汉时期，到明代海上丝绸之路航线已扩展至全球。郑和下西洋是明朝初年的一场海上远航活动。从1405年至1430年，郑和受命率领两百多艘海船、2.7万多人从太仓的刘家港出发（今江苏太仓市浏河镇），远航西太平洋和印度洋，曾到达亚洲、非洲39个国家和地区，这是明朝政府组织的大规模航海活动。郑和下西洋的壮举引领着世界航海史的发展，加强了中国明朝政府与海外各国的联系，向海外诸国传播了先进的中华文明，加强了东西方文明间的交流。

一、郑和下西洋的历史背景

（一）宋元以来我国海上对外交通的发展为郑和航海奠定了基础

郑和下西洋这一历史壮举，发生在世界变革"序幕"尚未到来的十五世纪上半叶，发生在位于世界东方的中国，这当然不是偶然的，它与宋以前我国海上对外交通的发展，特别是宋元以来我国海上对外交通事业的发展，有着必然的联系。

如果说，唐以前的对外交通以陆路为主，那么入宋以后，特别是到南宋，就以海上交通为主了，元代又开创了对外交通史上的新局面。这是由于以下几个因素形成的。

第一，全国经济重心南移，江南及东南沿海地区经济日益发达，为发展海上交通提供了物质前提。唐中叶安史之乱以后，北方经济由于战争的破坏，萧条已极。而南方经济，由于相对安定，却得到一定程度的发展。经过"五代十国"到北宋，尤其是在宋室南渡以后，全国经济文化重心已从黄河流域转移到长江流域，江南与东南沿海地区经济成为全国的经济命脉。

第二，科学技术上的成就，造船工艺的进步，尤其是罗盘针指南应用于航海，为发展海上交通提供了技术保证。指南针的应用，使船行速度加快，而且较为安全，这就大大推动了我国海上交通的发展。宋船性能比唐舶大有改进，宋船的质量在当时处于世界船只的前列。

第三，陆海交通比重发生了变化，推动了海外贸易的发展，同时也使中国对外交流的交通方式产生了明显的变化。南宋偏安江左以后，中西陆路交通几乎完全断绝，海上交通空前发达，市舶收入已成为国家的重要财源。元朝政府先后在泉州、广州、温州、杭州、庆元（宁波）、上海、澉浦等七个港口设置市舶提举司，管理海外贸易。总之，由于海陆交通比重的变化，宋元时期，中国通过南洋地区、印度洋直达阿拉伯地区的海路已经畅通，商船往来频繁。东西海路的畅通，正是后来郑和航海到阿拉伯世界以至东非的基础。

（二）明初国内经济的恢复和发展以及明成祖时期和平友好的对外开放政策

经过明初三十余年的苦心经营及人民的辛勤劳动，洪武末年时已"三十余年之间仓廪充积，天下太平"。明初社会由洪武初年的荒凉面貌逐步恢复和发展，到永乐时代已达极盛时期，故其时，"郑和七次下西洋，费用浩繁，国库还能应付"。由此可见，郑和下西洋是以国内雄厚的经济实力为基础的，没有这种物质条件，那样大规模的下西洋是不可想象的。

国内政策是决定国外政策的基础，而国外政策又是国内政策的继续。明洪武时期对外的总原则是："海外蛮夷之国，有为患于中国者，不可不讨，不为中国患者，不可辄自兴兵。"

郑和每到一国，就向当地国王、酋长赠送珍贵礼品，表示友好的诚意，因此受到了所到国家的普遍欢迎。

图 1-12　郑和受到所到国家的普遍欢迎

明成祖在外交上积极推行对外开放的睦邻友好政策。除了坚持"厚往薄来"的精神外，永乐一朝是积极推行"宣德化而柔远人"的和平友好外交政策的。其目的不仅是要将中华民族文明远播于海外，并要吸收外来文化的有益成分，所谓"恒遣使敷宣教化于海外诸国，导以礼义"，加强与海外各国的文化联系。

在经济上发展朝贡贸易的同时，为推行对外开放的政策，政府还采取了重要措施，恢复并正式建立了市舶司制度。

明成祖继位后，采取了一系列措施，初步控制了全国政权，安定了民心，稳定了内部，但对外交往仍不安宁。洪武末年以来，因流通、海盗对海路的阻塞，各国

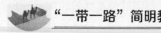

朝贡不至，中外联系减弱，明朝在海外诸国中的威望降低。明政权的更换，对海外诸国需要遣使诏谕，所以明成祖在基本上稳定了内部以后，便开始了他的外交活动。永乐初期频繁的外交活动和东南洋各国的朝贡，加强了我国与海外各国的联系，为郑和下西洋铺平了道路。

二、郑和下西洋的光辉历程

据史料记载，从明朝永乐三年（1405 年）至宣德八年（1433 年）的二十八年中，郑和先后总共七下西洋，分别是 1405~1407 年、1407~1409 年、1409~1411 年、1413~1415 年、1417~1419 年、1421~1422 年、1431~1433 年。

1. 公元 1405 年 6 月，郑和使团第一次下西洋。郑和船队从江苏太仓刘家港出海，依次访问占城（今越南南部）、爪哇、旧港（今印度尼西亚巨港）、苏门答腊、南浡里（在今苏门答腊岛北部）、锡兰山（今斯里兰卡）、古里等国。1407 年，经台湾作短期停留后，于 9 月返回南京。

2. 1407 年，郑和二下西洋，统舟师前往爪哇、满剌加（今马六甲）、锡兰山、古里、柯枝（今印度柯钦）、暹罗等国访问。1409 年 7 月返回。

3. 1409 年 9 月郑和三下西洋，前往占城、爪哇、满剌加、苏门答腊、阿鲁（今苏门答腊岛日里河流域）、南巫里（即南浡里）、锡兰山、小葛兰（在今印度柯钦南）、柯枝、甘巴里（今印度泰米尔纳德邦的科因巴托尔）、阿拔巴丹（今印度阿默达巴德附近）、古里等国访问。

4. 1413 年 11 月，郑和第四次下西洋，访问占城、爪哇、满剌加、苏门答腊、南浡里、彭亨（今属马来西亚）、急兰丹（今马来西亚的哥打巴鲁）、锡兰山、加异勒（今印度南部的卡异尔）、甘巴里、柯枝、古里、沙里湾泥（今地不详）、溜山（今马尔代夫首都马累）、忽鲁谟斯（今伊朗阿巴丹附近）、剌撒（今也门木卡拉附近）、木骨都束（今肯尼亚摩加迪沙）、不（卜）剌哇（今宇 的布腊瓦）、麻林迪（今肯尼亚的马林迪）、比剌（今非洲爪达富伊角外的阿卜德库里岛）、孙剌（今地不详）等亚非国家。此次出使开通了中国到非洲的航路。同年 11 月，麻林迪来中国献"麒麟"（长颈鹿），表示郑和使团对东非沿岸国家的访问取得了圆满的成功，成为明朝鼎盛时代在外交上取得重大进展的标志。后来明成祖朱棣特立御制弘仁普济天妃宫之碑，作为纪念。

5. 1417 年 12 月，郑和第五次下西洋，于 1419 年 7 月回国。这次出使期间，明王朝已决定迁都北京，需要各种珍禽异兽来充实内苑，于是郑和船队通过平等贸易及互赠礼品的和平方式获得了忽鲁谟斯国的狮子、金钱豹、西马，阿丹国（今南也门首都亚丁）的麒麟、长角马哈兽，木骨都束国的花福鹿、狮子，卜剌哇国的千里骆驼、驼鸡，爪哇、古里国的縻里羔兽等，将其带回北京。

6. 1421 年 1 月，郑和第六次下西洋，护送忽鲁谟斯、阿丹、南浡里、苏门答腊、阿鲁、满加、甘巴里等十六国使臣回国，对沿途所经国家和地区又进行了友好访问。

7. 1431 年 6 月，郑和奉明宣宗朱瞻基之命，第七次下西洋。主要访问忽鲁谟斯、锡兰山、古里、满剌加、木骨都束、苏门答腊、阿鲁、阿丹、加异勒等二十国及旧港宣慰司。郑和在古里逝世后，船队由王景弘统领，于 1433 年 7 月返回南京。

三、郑和下西洋的历史意义

发生于十五世纪初的郑和下西洋，是中国历史上对外开放的伟大壮举。郑和下西洋具有重大的历史意义和深远的影响，既是中国人的光荣，也是全人类的自豪。

(一) 充分展示了国力

郑和下西洋作为我国古代规模最大、船只最多及海员最多的海上航行，较欧洲国家航海时间早几十年，充分体现了当时明朝国力之强盛。郑和航行这一重要举措与超过一个世纪的葡萄牙、西班牙等国的航海相比，如麦哲伦、哥伦布等，是航海时代的先驱者，代表了东方实力。郑和远航路过多个国家和地区，在很大程度上为中国与亚非国家的经济、文化沟通和交流提供了支持，使得明朝与当时很多国家都建立了良好的关系。同时，郑和下西洋将我国的政治制度、农本经济等推广和传播至东南亚、南亚等地区，展示了明朝前期我国国力强盛的盛况。

我国海军远洋，实现了外国朝贡，贯穿于汉唐时期，通过与海外国家的交流，突破了以往闭塞的局面。郑和下西洋是我国古代历史上一件世界性盛举。自此之后，再没有此类壮举。不仅如此，在此基础上，明朝积极开展对外贸易，将我国的丝绸、瓷器等输送至国外。郑和远航较哥伦布开启新航路的壮举早半个世纪，可见，郑和是我国乃至世界杰出的航海家，为我国对外交流提供了巨大的支持。

(二) 促进我国海外贸易发展

从下西洋的目标来看，最初郑和是为了宣扬国威，展示我国的富强及寻找到下落不明的建文帝朱允，因此初次远洋航行并未从根本上促进我国海外贸易的发展。但是随着航行次数的增加，郑和第四次至第七次下西洋，其目标逐渐明朗，即发展对外友好关系、发展国际贸易。所以郑和每到一个国家和地区，除了官方层面上的礼尚往来，还积极与当地居民进行贸易，将他国没有的商品卖给当地居民，同时换回我国没有的商品，互通有无。如日本学者上杉千年在《郑和下西洋》中记载"郑和宝船本着薄来厚往的原则，与各国既做贸易又交朋友，深受各国国家的欢迎，很多国家都安排专人接洽"。而哥伦布西航完全不同，主要是西班牙皇室与哥伦布进行的一场权和利的交易。西班牙皇室意图非常明确，主要是为了开疆辟土。

明成祖朱棣"以怀远人"的善举国策，在换来了国际关系通达和谐的同时，也换来了中华大地的安宁以及经济上的昌盛。时至今日，我国航海事业已经取得了长足发展，但是我们在发展海上事业的过程中，依旧要保持着友好的心态，加强东西方文明的沟通和交流。

（三）传播和平友好理念

明太祖朱元璋强调顺应天道、和睦相处，共享太平之福，可见两代帝王对外方略基本一致。郑和在吸取了我国传统美德的同时，还积极落实到实践当中，将中华文明传播给亚非地区的人民。15世纪初期，像今天的马尔代夫等地区，尚处于不着衣衫的原始状况，文明远远滞后于我国。郑和船队到达此地，将我国高度发达的文化及文明传播给当地居民，使得当地文明有所发展，在很大程度上促进了亚洲、非洲，乃至整个世界的发展，使得各个区域能够共享中华民族发展的优秀成果。

从历史角度来看，哥伦布西航从根本上突破了传统理念的束缚，加快了欧洲社会内部封建制度阶梯。但是西航给当地人带去的不良后果，无法与郑和相提并论。特别是哥伦布第二次西航，从本质上来看可以说是一次残忍的屠杀和抢劫。很多人无法完成任务，就毒打、杀戮，甚至带去了更具毁灭性的灾难，即病菌。时至今日，非洲地区很多国家都在遭受着病菌的伤害。

郑和曾达到过爪哇、苏门答腊、苏禄及阿丹等多个地区，最远抵达非洲东岸，这些记载都证明了中国航海探险到达了制高点。除了上述历史意义，还有很多超出于航海之外的解读，如"郑和时代的中国，真正意义上承担了一个文明大国的责任，强大却不称霸，播仁爱于友邦，厚往薄来"。另外，郑和下西洋过程中，还进行了一些海外政治干预，如操纵马六甲海峡，扶植拜里迷苏剌。正因如此，拜里迷苏剌曾专门到达中国进行朝贡，使得马六甲成为当时社会背景下非常繁荣的商业中心。

第三节　21世纪海上丝绸之路

建设21世纪海上丝绸之路，是2013年10月习近平总书记访问东盟国家时提出的。古老的海上丝绸之路自秦汉时期开通以来，一直是沟通东西方经济文化交流的重要桥梁，而东南亚地区自古就是海上丝绸之路的重要枢纽和组成部分。这是习近平总书记基于历史，着眼于中国与东盟建立战略合作伙伴十周年这一新的历史起点上，为进一步深化中国与东盟的合作，构建更加紧密的命运共同体，为双方乃至本地区人民的福祉而提出的战略构想。

一、推动建设 21 世纪海上丝绸之路的时代背景

当今世界正发生复杂深刻的变化，国际金融危机深层次影响继续显现，世界经济缓慢复苏、发展分化，国际投资贸易格局和多边投资贸易规则酝酿深刻调整，各国面临的发展问题依然严峻。共建"一带一路"顺应世界多极化、经济全球化、文化多样化、社会信息化的潮流，秉持开放的区域合作精神，致力于维护全球自由贸易体系和开放型世界经济。共建"一带一路"旨在促进经济要素有序自由流动、资源高效配置和市场深度融合，推动沿线各国实现经济政策协调，开展更大范围、更高水平、更深层次的区域合作，共同打造开放、包容、均衡、普惠的区域经济合作架构。共建"一带一路"符合国际社会的根本利益，彰显人类社会共同理想和美好追求，是国际合作以及全球治理新模式的积极探索，将为世界和平发展增添新的正能量。

共建"一带一路"致力于亚欧非大陆及附近海洋的互联互通，建立和加强沿线各国互联互通伙伴关系，构建全方位、多层次、复合型的互联互通网络，实现沿线各国多元、自主、平衡、可持续的发展。"一带一路"的互联互通项目将推动沿线各国发展战略的对接与耦合，发掘区域内市场的潜力，促进投资和消费，创造需求和就业，增进沿线各国人民的人文交流与文明互鉴，让各国人民相逢相知、互信互敬，共享和谐、安宁、富裕的生活。

当前，中国经济和世界经济高度关联。中国将一以贯之地坚持对外开放的基本国策，构建全方位开放新格局，深度融入世界经济体系。推进"一带一路"既是中国扩大和深化对外开放的需要，也是加强和亚欧非及世界各国互利合作的需要，中国愿意在力所能及的范围内承担更多责任义务，为人类和平发展作出更大的贡献。

同时，"21 世纪海上丝绸之路"是我国在世界格局发生复杂变化的当前，主动创造合作、和平、和谐的对外合作环境的有力手段，为我国全面深化改革创造的良好机遇和外部环境。

二、21 世纪海上丝绸之路合作构想的基本内容

21 世纪海上丝绸之路连接中国与东盟的老挝、柬埔寨、缅甸、泰国、越南、马来西亚、新加坡、汶莱、菲律宾、印度尼西亚 10 个国家，其战略内容以中国—东盟"2+7 合作框架"为主体，即中国和东盟要深化两点政治共识、推进七方面合作。

两点政治共识是：深化战略互信，拓展睦邻友好；聚焦经济发展，扩大互利共赢。七方面合作包括：第一，积极探讨签署中国—东盟国家睦邻友好合作条约，为

中国—东盟战略合作提供法律和制度保障，引领双方关系发展；第二，加强安全领域交流与合作，完善中国—东盟防长会议机制；深化防灾救灾、网络安全、打击跨国犯罪、联合执法等非传统安全领域合作；第三，启动中国—东盟自贸区升级版谈判，力争到2020年双边贸易额达到1万亿美元，让东盟国家更多从区域一体化和中国经济增长中受益；第四，加快互联互通基础设施建设，用好中国—东盟互联互通合作委员会等机制，推进泛亚铁路等项目建设，筹建"亚洲基础设施投资银行"，为东盟及本地区的互联互通提供融资平台；第五，加强本地区金融合作和风险防范，扩大双边本币互换的规模和范围，扩大跨境贸易本币结算试点，降低区内贸易和投资的汇率风险和结算成本，发挥好中国—东盟银联体作用；第六，稳步推进海上合作，重点落实海洋经济、海上互联互通、环保、科研、搜救以及渔业合作；第七，密切人文、科技、环保等交流，巩固友好合作的基础。

21世纪海上丝绸之路的合作伙伴并不仅限于东盟，而是以点带线，以线带面，增进同沿边国家和地区的交往，将串起连通东盟、南亚、西亚、北非、欧洲等各大经济板块的市场链，发展面向南海、太平洋和印度洋的战略合作经济带，以亚欧非经济贸易一体化为发展的长期目标。由于东盟地处海上丝绸之路的十字路口和必经之地，将是新海上丝绸之路建设的首要发展目标，而中国和东盟有着广泛的政治基础和坚实的经济基础，21世纪海上丝绸之路建设符合双方共同利益和共同要求。

三、共建21世纪海上丝绸之路的重大战略意义

一是构建和平稳定周边环境的战略举措。周边是我国外交政策的首要目标。共建21世纪海上丝绸之路的构想，是在新形势下继续高举和平、发展、合作、共赢的旗帜，坚定不移地致力于维护世界和平、促进共同发展的战略选择。它将成为我国与东盟之间开拓新的合作领域、深化互利合作的战略契合点，有利于搁置争议、增进共识、合作共赢，推动构建和平稳定、繁荣共进的周边环境。

二是深化改革开放的重要途径。目前，我国改革已进入攻坚期和深水区。全球范围内市场、技术、资源等方面的竞争日益激烈，一些发达国家试图通过制订新的国际区域经贸安排继续主导世界经济发展。共建21世纪海上丝绸之路，是新形势下应对挑战、用开放倒逼改革的重要途径。

三是拓展经济发展空间的深远谋划。当前，我国已是世界第二大经济体，在新起点上科学谋划经济发展，对促进经济持续健康发展十分重要。共建21世纪海上丝绸之路，不仅有助于我国与海上丝绸之路沿线国家在港口航运、海洋能源、经济贸易、科技创新、生态环境、人文交流等领域开展全方位合作，而且对促进区域繁荣、推动全球经济发展具有重要意义，同时将大大拓展我国经济发展战略空间，为

我国经济持续稳定发展提供有力支撑。

四是促进沿线国家共同繁荣的历史选择。海上丝绸之路自秦汉兴起以来，就是联通东西方的重要交通走廊、推动商业贸易繁荣发展的黄金路线。目前，我国和东盟已建成世界上最大的发展中国家自由贸易区，我国连续 4 年成为东盟第一大贸易伙伴，东盟是我国第三大贸易伙伴。通过共建 21 世纪海上丝绸之路，大力推动自贸区升级版建设，促进政策沟通、道路联通、贸易畅通、货币流通、民心相通，这已成为沿线各国人民的共同意愿。

【德能文化融入】

山东推进"海上丝绸之路"申遗

2015 年 10 月 28 日，山东省"海上丝绸之路"申遗工作座谈会在烟台召开。记者从座谈会上了解到，山东将多举措助力"海丝"遗产保护与申遗，把"海丝"申遗纳入全省文物博物馆事业发展"十三五"规划。

山东：古代海上丝绸之路起点之一

"海上丝绸之路"申遗，是继陆上丝绸之路、中国大运河成功申遗之后，国家文物局启动的又一项重大文化遗产保护战略工程。在此之前，国家文物局已经先后两次将"海丝"列入《中国世界文化遗产预备名单》，今年 3 月召开了"海上丝绸之路"保护和申报世界文化遗产工作会议，组织沿线各省进一步申报辖区内遗产点。沿线各省份都高度重视，迅即展开了申遗工作。

山东自古以来就是海上贸易的重要通道，是古代海上丝绸之路的起点之一，也是陆海两条丝绸之路的交汇点，在丝绸之路的起源和发展过程中占有重要位置。

考古发现证明，山东半岛与朝鲜半岛、日本列岛的文化交流早在史前时期就开始了，庙岛群岛是中日韩文化最先交流的纽带。日本的水稻即是由"山东半岛传到日本中部地区的"。从文献记载看，从春秋时期齐国开始，我国就非常重视与海外的商业活动，齐桓公时期与朝鲜有了商业往来。《管子》记载，管仲曾建议齐桓公以商贸作为发展国家的主要措施之一，包括主动开展与朝鲜的贸易，山东北部的黄、腄、南部的琅琊港是沿海南北航路的中枢港口。汉武帝时开辟了由山东半岛、辽东半岛经朝鲜半岛通往日本的海上丝绸之路。唐宋时期登州是北方最大的港口，密州板桥镇是宋代北方唯一设有市舶司的港口。元代海运成为南粮北运的主要通道，主航线三次变更，到明代增开蓬莱掖县至辽东、天津至辽东两条航线。清代虽实行海禁，烟台、金口、青岛仍是海上贸易和南北贸易中心。

经调查发现，山东沿海有大量的古代港口、码头、航标、沉船、古建筑等文物点，与"海上丝绸之路"相关的遗产点约 50 处，其中全国重点文物保护单位 9 处，省级重点文物保护单位 27 处。

山东成立全国首家省级水下考古专业研究机构

2012 年 11 月，山东蓬莱与宁波、泉州、广州、扬州、北海、漳州、福州、南京等 8 城市联合申报"海上丝绸之路"，项目顺利入选中国世界文化遗产预备名单。

"海上丝绸之路"中有诸多遗产属于水下遗产，而水下文化遗产保护是一个涉及多学科、多部门的行业。随着国家"一带一路"和山东蓝黄经济区战略的实施，"海丝"保护申遗和水下文化遗产保护成为山东文物工作的紧迫课题。为此，2015 年 2 月 12 日，山东省编制委员会办公室批复成立山东省水下考古研究中心。

山东省水下考古研究中心于 2015 年 6 月份挂牌成立，据悉，中心主要承担全省水下文物的调查、保护、发掘和研究工作，是全国首家省级水下考古专业研究机构，标志着山东水下文化遗产保护和"海丝"申遗迈出了实质性步伐。中心成立后，立即组织沿线各市遴选推荐申遗遗产点，目前已组织专家从 56 个申报名单中，严格遴选 29 个上报国家文物局。

多举措为"海丝"申遗提供科技支撑

在第三次全国文物普查工作中，山东文物部门共调查水下疑似点 100 余处，确认沉船遗址 2 处，线索 14 处。通过引进与联合，山东进行了多次水下文化遗产调查和发掘工作，蓬莱古船、菏泽沉船的保护利用已经显示了良好的社会效益。目前正在进行的明清沿海海防设施保护总体规划及东平湖水域调查、蓬莱海丝遗产资源调查、庙岛水下遗产资源陆地调查，都为"海丝"申遗工作提供了科技支撑。

目前，山东省文物局正在积极组织省以上重点文物保护单位申报全国重点文物保护专项补助项目资金。全省文物保护和大遗址保护资金每年都对相关遗产点给予重点支持，指导各地开展文物保护规划编制、文物本体修缮及展示设施建设工作。针对水下遗产保护严峻的安全形势，山东省文物局、省海洋与渔业厅签署了《关于合作开展水下文化遗产保护工作的框架协议》，合作建立了山东管辖海域内文化遗产保护联合工作机制。

"海丝"申遗将纳入山东文博事业"十三五"规划

记者了解到，蓬莱市作为联合申报"海丝"世界文化遗产的 9 个城市之一，已启动了文物保护规划编制、文物本体修缮、展示性设施建设以及环境整治工作。目前，登州古港（蓬莱水城）保护和综合整治工程累计投入近 7 亿元，疏浚了古港港湾，完成水城内村庄搬迁、小海清淤、城墙内外绿化等工程。

（来源 人民网 2015.10.29）

第三章　秦汉以来丝路的时代特征

·前言·

　　丝绸之路的正式开通是在张骞出使西域之时。汉武帝派遣张骞出使西域，连接欧亚的陆上丝绸之路正式开通。随着西汉逐步确立对西域的控制，陆上丝绸之路趋于繁荣，与此同时，东西方文化交流也沿着陆上丝绸之路蓬勃开展。在汉代，海上丝绸之路也出现并发展。魏晋南北朝时期，由于中国的动荡与分裂，丝绸之路的发展处于低潮。因河西走廊被割据政权占领，南朝与西域间的交往主要通过青海。到了隋唐时期，中国大一统封建王朝重新建立，丝绸之路的商贸往来重新繁荣并达到顶峰。在唐代，中外贸易呈现海陆并举的特征，海上丝绸之路也取得了长足发展。安史之乱后，唐王朝国力大不如前，逐步失去对西域的控制，陆上丝绸之路开始衰落，其东西方交流主要通道的地位逐渐被海上丝绸之路取代。自元朝以后，陆上丝绸之路再也没有恢复往日盛况。明朝政府为防范倭寇，实行海禁政策，这使海上丝绸之路的贸易受到很大影响。而清代虽然在统一台湾后一度放开海禁，但乾隆年间又重新闭关锁国，使得海上丝绸之路彻底衰落。

　　纵观陆海丝绸之路的变迁史，我们可以看到，陆上丝绸之路的发展，受到社会经济状况、中国和沿线国家政局的影响显著，这使得陆上丝绸之路的发展不断变化，状态时起时落。而海上丝绸之路受政局影响小，并且更加安全，指南针等先进航海技术的应用，更使海上丝绸之路如虎添翼，因而在历史上能最终取代陆上丝绸之路的地位，成为东西方贸易的主要通道。

·本章知识要点·

- ● 古代丝绸之路的时代特征
- ● 古代陆海丝绸之路的发展变迁
- ● 古今丝绸之路的区别

唐朝成为世界第一强国的秘密：丝绸

中国的唐朝为何富强，从而引来百国朝拜？因为唐朝有丝绸。

为了得到中国丝绸，在没有飞机、火车、汽车的时代，全世界的商人们骑着骆驼不远万里，把几万里的沙漠戈壁，硬生生踏出一条丝绸之路，用他们国家最珍贵的黄金、珠宝、玉器，换几匹丝绸，带回国就能发大财。唐朝不仅繁荣富强，而且在全世界声名远播。

中国将丝绸、茶叶、瓷器卖给各国商人，换来的却是大把大把的黄金和白银，造成古代全球经济的巨大贸易顺差，唐朝是当时世界的经济中心，是欧洲和日本虚心学习的楷模。

丝绸织品技术曾被中国垄断数百年，各朝一直严密控制着丝绸织造业和养蚕业的技术流传，并禁止其流向外国。唐朝是丝绸生产的鼎盛时期，无论产量、质量和品种都达到了前所未有的水平。丝绸的生产组织分为宫廷手工业、农村副业和独立手工业三种，规模较前代大大扩充了。同时，丝绸的对外贸易也得到巨大的发展，不但丝绸之路的通道增加到了三条，而且贸易的频繁程度也空前高涨。丝绸的生产和贸易为唐代的繁荣做出了巨大的贡献。

第一节　古代丝路的时代特征

一、秦汉时期：丝绸之路的凿空期、初步开拓期

文献记载和考古资料证明，在汉代之前，中原经河西走廊通往西域、中亚、西亚的丝路贸易就已经存在。《穆天子传》及注本记载，周穆公曾经西巡陇西、兰州、武陵、张掖、居延海及巴丹吉林大漠，驱驰于阴山、蒙古高原、塔里木盆地，最远至葱岭、中亚一带，并有贸易往来。春秋战国时期，中原丝织业已经相当发达，丝织品贸易成为中西方经济文化交流的重要内容，包括新疆在内的古代少数民族，在远古时期，已经和中原汉族文化有着比较密切的关系。

文景之治采取休养生息等一系列政策，西汉政府国库日益充实，到了汉武帝时

"太仓之粟，陈陈相因，充溢露积于外，至腐败不可食"。国家强大起来后，汉武帝刘彻为打击匈奴，计划策动西域诸国与汉朝联合，于是派遣张骞出使西域。为了促进西域与西汉的联系，汉武帝还招募了大量商人，利用政府配给的货物，到西域各国经商。这些商人到西域后大部分成为富商巨贾，从而吸引了更多人从事丝绸之路上的贸易活动，刺激了边贸经济的发展，进而极大地推动了中原地区与西域之间的物质文化交流。

二、魏晋南北朝时期：丝绸之路的持续发展期

这一时期的丝绸之路在汉代丝绸之路的基础上继续向前发展，显现出勃勃生机，特别是海上丝绸之路更是远达阿拉伯半岛。由于丝绸之路的发达，中国境内南北对峙政权与西域的交往更加密切和频繁，对加强中国与丝绸之路沿线上其他国家在政治、经济、文化等方面的联系与交流具有重要意义。

（一）这一时期的丝绸之路是两汉到隋唐的丝绸之路的过渡阶段

两汉时期，波斯高原上的安息帝国，地跨欧亚非三洲的罗马帝国（公元前27年~公元476年），中亚的贵霜王朝（1世纪上半叶~3世纪）相继在丝绸之路的西段和中亚、南亚兴起，中国在经过西汉末年短暂的混乱之后，东汉王朝迅速强大，在公元1~2世纪，成为与罗马帝国、安息、贵霜王朝并立于丝绸之路上的四大世界强国，这四大世界强国把丝绸之路的首尾连成一片，为丝绸之路的畅通提供了机会。在这期间，东汉政府主动相继派班超、班勇父子出使西域，为开通、保护丝绸之路，在西域奔波三十多年，班超还派甘英出使罗马帝国，至波斯湾东岸而返。

从3世纪起，虽然中国内地出现混乱局面，但是由于我国西北的新疆以及河西、青海相对平稳，掌握当地政权的少数民族又都十分重视对外贸易和交往，所以，中国西部与中亚、南亚等地的交往并未断绝，特别是位于丝绸之路西段枢纽地带的波斯地区，原安息政权崩溃，代之而起的萨珊王朝（公元224~651年），其势力在东部逐渐扩大到印度河流域，西部到达两河流域，与罗马帝国接界，完全代替了安息的地位和作用，成为丝绸之路上重要的中转站和集散地，对于丝绸之路的发展起到了重大的作用。由于有罗马帝国、萨珊王朝的积极推动，以及突厥在转输丝绸方面的巨大作用，虽然当时的中国在政治上处于分裂状态，但是丝绸之路上的交往仍然十分兴旺。

（二）海上丝绸之路进一步发展起来

两汉时，海上丝绸之路便已到达印度半岛，魏晋南北朝时期这一路线更是远至阿拉伯半岛。据记载，西汉时，海上丝绸之路从日南边塞或徐闻、合浦出发，沿印支半岛南下，船行五月可到都元国（在今马来半岛），又四月可到邑卢没国（在今

缅甸），由此登陆行十余日可到夫甘都卢国（今缅甸蒲甘地区），由此再船行二月余，则抵达黄支国（今印度半岛东岸建志补罗），黄支国之南有已程不国（或以为今斯里兰卡），这是汉朝使者到达的最远之地。当时，南海、孟加拉湾之间的海上交通已经畅通，大秦安敦王朝的使臣，就是从海路经日南来到中国的。当时受科学技术和造船水平的限制，虽然海上丝路并不太发达，但是也有过一定的辉煌。

魏晋南北朝时期，汉代开辟的中西海路交通更为发达。这一时期，在经济发展和政治交往的推动下，造船业也更加发达，所造大船比孙吴时不仅数量大大增加，而且质量也有了很大的提高。由于造船技术的进步，船只的航行速度更是有了提高，所以，海运业和造船业的发达，使中外海上交通有了更大发展。从广州出发，沿马来半岛，经印度洋、波斯湾到达阿拉伯巴格达的海上中西航线，成为中国与南海诸国以及印度、阿拉伯各国交往的重要通道。

（三）中国境内南北对峙政权同时与西域地区频繁交往

这一时期，虽然中原地区战乱不断，但是西域与中原政权和江南政权交往并未中断。北魏王朝的强盛，对外族、外域实行亲善开放的政策，四通八达的水陆交通路线，富饶的物产、发达的文化加上繁华美丽的都城，强烈吸引了四方各国、各族的使者、僧侣、商贾和学者纷纷来到洛阳，尤以高昌、龟兹、疏勒、乌孙、鄯善、焉耆、粟特等西域国家与中原的交往更为频繁。从孝文帝迁都洛阳到宣武帝时期，北魏王朝的对外交往最为兴盛。北魏正光年间，高昌国君因长期内属，"其风俗政令，与华夏略同，兵器有弓、刀、箭、楯、甲、槊。文字亦同华夏，兼用胡书。有《毛诗》、《论语》、《孝经》，置学官弟子，以相教授。""又遣使奉表，自以远遐，不习典诰，求借《五经》、诸史，并请国子助教刘燮以为博士，明帝许之。"这既是政治交往又是文化交往。也有的西域国家要求内附，以利于本民族的发展，恳请北魏王朝的保护和中国的赠赐。永平元年（公元508年），高昌国王麴嘉，遣其兄私署左卫将军孝亮奉表来朝，因求西域内徙，乞师迎接。西域各族如吐谷浑、宕昌、邓至等也与北魏王朝经常友好往来，尤其是吐谷浑不断遣使臣赴洛阳进献牦牛、蜀马及西南珍贵土特产，北魏王朝则赠以锦、珠等贵重物品。孝文帝曾任命吐谷浑王伏连筹为都督西陲诸军事、西海公、吐谷浑王，足见北魏和吐谷浑的关系之密切。

总之，在魏晋南北朝时期，中西之间通过西北丝绸之路、西南丝绸之路和海上丝绸之路这三条丝绸之路，在政治、经济、文化等方面进行了广泛的交流，这对中西双方来说，都产生了积极而重要的意义，展示了魏晋南北朝时期东西方之间政治往来、商业贸易和文化交流是如何频繁接触和密集荟萃的，促进了双方之间经济贸易、生产技术的交流和中国佛教的兴盛以及礼乐文化的发展，从而显示出丝绸之路研究在中外关系史学科中的重要地位和作用，并为当今的中外交往提供了有益的启示和一定的借鉴。

三、隋唐时期：丝绸之路的繁荣期

隋（公元581~618年）、唐（公元618~907年）时期，是丝绸之路发展的高峰期。这一时期，国家实现了大统一，唐朝西部边界达到葱岭以西的咸海地区。唐朝前期，社会财富极其丰富，社会经济文化有了巨大发展，其影响远达中亚、西亚、南亚等地。这时，罗马帝国早已分裂，西罗马帝国也已灭亡，拜占廷帝国（即东罗马帝国）却雄踞于地中海东岸、北非及小亚细亚等地，萨珊王朝及中亚、南亚诸国与唐朝仍然是丝绸之路上的重要贸易伙伴，也使丝绸之路上的交往更加频繁。

（一）隋朝时期丝路的发展

隋开皇九年（589年），隋王朝结束南北分裂，新兴突厥族占领了西域至里海间的广大地区，今青海境吐谷浑也向河西走廊侵袭，中国和西域的官方、民间交往受到不少阻碍。但隋与丝绸之路各国民族之间的关系却愈来愈密切，西域商人多至张掖互市，隋炀帝曾派裴矩专管这方面工作，后中原王朝屡次对突厥用兵，一举控制西域各国，设立"安西四镇"作为中国政府控制西域的机构，兴修玉门关，再度开放沿途关隘，并打通天山北路丝路分线，将西线打通至中亚。于是丝绸之路东段再度开放，新的商路支线不断开辟，丝绸之路贸易迎来了繁荣时期。

隋大业五年，隋炀帝西巡河西，成为中外交往的一次盛会。这次出巡意图包括以武力解决吐谷浑侵扰，保障丝路畅通。隋炀帝西巡解决了长期以来中西交通不畅的矛盾，进一步促进了丝绸贸易和文化繁荣。

（二）唐朝时期丝路的发展：极盛而衰

唐朝大一统封建王朝重新建立，丝绸之路的商贸往来重新繁荣并到达顶峰。安史之乱后，唐王朝国力大不如前，逐步失去对西域的控制，陆上丝绸之路开始衰落，其东西方交流主要通道的地位逐渐被海上丝绸之路取代。在唐代，中外贸易呈现海陆并举的特征，海上丝绸之路也取得了长足发展。

唐代的丝路黄金时代，主要是指唐代前期的陆上丝路。时至安史之乱以前，陆上丝路发展到了高峰，形成了自汉以来东西陆路交通的极盛高潮。亦如史籍所载："伊吾之右，波斯以东，商旅相继，职贡不绝。"主要表现为两个方面。

其一，丝路的南北扩展和横行线路密布以及整个丝路网状结构的形成，这是唐代前期陆上丝路高度发展的第一个重要反映。

举世闻名的丝路，既是架设在东西方之间的友好桥梁，又是联结国内各民族的重要纽带。因此从丝路形成之日起，其发展的总趋势，不仅是向东西方延伸，同时也向南北方向扩展。从汉代开始，陆上丝路就沿着天山南北逐渐形成了东西交往的北、中、南三条基本干线；同时又由于南北边塞各民族的频繁活动，为唐代丝路向南北扩展奠定了基础。

贞观四年（公元630年），太宗率军击败了东突厥贵族政权，并和西突厥加强了友好联系，接着又扫除了高昌、焉耆、龟兹等分裂势力。贞观十四年（公元640年），唐朝在西域地区设立了安西大都护府，统辖了下属的各个都督府、州，进一步加强了西部边疆的军事和行政管理，保证了丝路的繁荣畅通。不久以后，唐朝政府又完成了对漠北地区的统一。唐代以前，漠北地区先后属于东、西突厥控制下，当地的铁勒各部因不堪突厥贵族的压迫和剥削，薛延陀、回纥、拔野古、拔罗、制骨等多次掀起反抗突厥贵族的斗争。唐朝初年，铁勒部斗争取得胜利，薛延陀政权建立，日益强大并在漠北称雄一时。

贞观二十年（公元646年），唐军乘其内乱攻入漠北，薛延陀政权瓦解，下属回纥等铁勒13部归附唐朝，并请置唐官。唐朝政府于其故地设置了六府七州，后来又于贝加尔湖东北和唐努乌梁海一带增设了玄阙州、烛龙州和坚昆都督府。上述各个府、州长官都督、刺史，皆由唐朝政府委任原诸部酋长担任，并归属于设立在故单于台（故址在今内蒙古呼和浩特市西）的燕然都护府所统领。

此后，又应铁勒各部所请，特在回纥以南开辟了参天可汗道，沿途置邮驿68所，并备有驿马、酒肉等专供往来官吏和行贾享用。通过此参天可汗道，不仅加强了漠北与中原之间的联系，而且也开辟了西部与北部边疆往来的通道。从此以后，西部地区已和广大漠北连成一片，因而丝路向北获得了显著扩展。

与丝路的北边一样，丝路也向南边发展。唐代以前，随着羌族和吐谷浑等的兴起和活动，早已开辟了青藏高原和南疆地区相通的道路。如在北魏明帝时，宋云、惠生西游印度，曾由今青海柴达木盆地北边，涉行沙碛，直穿阿尔金山到达丝路南道上的且末后，再往西去。

此外，北周明帝武成元年（公元559年），乾陀罗僧侣阇那崛多东来时，走的也是相反方向的同一路线：经由丝路南道的和田至且末，再南下穿过阿尔金山，经由青海到达长安。公元7世纪时，吐蕃兴起，兼并了吐谷浑后，继续保持了此条道路的畅通，并在西北开辟了经由喀喇昆仑能向尼泊尔的另一条所谓吐蕃—尼泊尔的通路。

总之，在唐代前期，无数南北相通的横行线路，不仅把东西走向的各条基本干线联结起来，而且组成了东西南北、纵横交错、十分复杂的交通网。丝路的南北扩展以及大量横行线路的出现，说明了唐代前期丝绸之路的繁荣和发展。

其二，作为唐代前期丝路发展高峰的另一明显反映，是丝路北道的繁荣以及沿北道上一些新兴都市和贸易中心的出现。

由于丝路北道的繁荣，在唐代前期沿着天山以北出现了许多新兴都市和贸易中心，其中著名的有庭州、弓月、轮台、热海、碎叶、垣逻斯等等。

以上，主要通过两方面情况，表明陆上丝路发展到唐代时出现了极盛高潮。这个高潮的形成，当然是与从汉代以来对外陆路交通的进一步发展有关，同时也是唐代社会经济高度繁荣，尤其和当时中国的统一强大以及统治者注意经营管理是分不开的。

另一方面，当时和唐代邻近的以西各国，都是世界性的强大国家：横跨欧、亚北部的东罗马，占有整个西亚的波斯，尤其是后来兴起的大食倭马亚王朝（公元661~750年），更是横跨亚、非、欧三洲的庞大帝国。它们都注重于对外陆路交通的开拓，极力加强和中国的政治、经济联系。虽然从唐代开始，海上丝路已有很大发展，但与陆上丝路相比，仍在东西交往中不占主要地位。只是到了唐代中期，陆上丝路突然衰落，与此同时，海上丝路才空前发展起来。

四、宋元明清时期：丝绸之路的衰退期

宋代河西走廊被西夏占据，中外交流主要通过海上丝绸之路。指南针在这时开始应用于航海，极大推动了中国航海事业的进步。随着中国封建社会经济发展达到顶峰，中外海上贸易繁荣起来。宋代沿袭唐代制度，在主要对外贸易港口设市舶司，主管对外贸易。宋英宗时，北宋政府市舶收入达到63万贯，南宋初年更达到200万贯。泉州成为当时的世界第一大港。中国商人与日本、朝鲜、东南亚、南亚、西亚、东非等地区建立了直接海上联系，海上丝路出现了繁荣局面。到元朝，海上丝绸之路基本维持了繁荣局面，同时由于元朝建立了版图空前辽阔的大一统帝国，陆上丝绸之路也重新繁荣起来。但自元朝以后，陆上丝绸之路再也没有恢复往日盛况。

明朝政府为防范倭寇，实行海禁政策，这使海上丝绸之路的贸易受到很大影响。随着西方新航路的开辟和隆庆元年明政府解除海禁，海上丝绸之路还是取得了一定发展。而清代虽然在统一台湾后一度放开海禁，但乾隆年间又重新闭关锁国，使得海上丝绸之路彻底衰落。

第二节 古今丝绸之路的区别

从时代背景上来讲，古代丝绸之路出现在农业社会的自然经济条件下；今天一带一路则出现在工业化、信息化和经济全球化的时代。从范围上讲，古代陆上丝绸之路是连接欧亚的陆上通道，海上丝绸之路是中国与印度洋各国间的海上通道；而当今的一带一路则是覆盖全球，包括南北美洲的经济文化交流网络。从经济交流方式看，古代丝绸之路是商品输出，即东西方物产、商品的贸易往来；而今天则在商品输出的同时也有资本输出，即对外投资，也成为经济交流的重要手段。从交通方式来看，古代海上丝绸之路主要利用古帆船，陆上丝绸之路则利用人力和畜力；当今丝绸之路则利用公路、铁路（欧亚大陆桥）、航空、远洋航运等现代交通技术以及现代通讯技术展开了高效便捷的交往。

表 1-1 古今丝绸之路对比

	古代丝绸之路	现代丝绸之路
时代背景	农业社会的自然经济	工业化、信息化、经济全球化
范围	亚欧大陆和非洲	全球（包括南北美洲）
经济交流方式	商品输出	商品和资本输出
贸易方式	中转贸易	直接贸易
交通通信方式	人力、畜力、帆船	现代交通技术和现代通信技术

第四章　中华丝路文化的软实力

· 前言 ·

　　丝绸之路是中华文化向外传播的重要载体，是中华民族跨越千山万水与世界进行文化交流的重要通道，"大家都好，世界才能更美好。"在 3 年多的时间里，逐渐向纵深推进的"一带一路"建设，以扎实的努力践行着"和平合作、开放包容、互学互鉴、互利共赢"的丝路精神，传承至今，推动各国文化交融、人类文明多样化发展。中国正以十足的诚意和坚定的行动，落实着"一带一路"倡议，参与和推动着经济全球化进程。"一带一路"建设的持续推进，不仅有效促进了中国与沿线国家的合作不断深入，也向沿线国家以及全球传递着共建"利益共同体"和"命运共同体"的理念。

· 本章知识要点 ·

- ● 一带一路的时代背景和内涵
- ● 丝路文化软实力的科学内涵
- ● 丝路文化的价值和意义
- ● 丝路文化建设的目标和途径
- ● 大学生在丝路文化中的责任担当

第一节　"一带一路"建设的时代背景和内涵

一、"一带一路"的时代背景

"一带一路"倡议的提出具有独特的时代背景，它是新时期中国领导人在认真研判当前国际政治经济整体形势、统筹国内经济社会发展态势，为应对全球战略格局结构性调整、中国改革步入"深水区"等挑战下所谋划的创造性宏伟蓝图。同时，借鉴古代"丝绸之路"成功的历史经验，在此基础上又赋予了很多深刻的精神内涵，作为未来相当长时期内统领中国内政外交发展的重大战略方针。

图 1-13 "一带一路"沿途

（一）21 世纪世界经济格局的重大调整

20 世纪末，冷战结束宣告了两极格局的解体。美国奉行单边主义政策，各个国家各种力量此消彼长，全球逐渐呈现出"一超多强"的格局，世界朝着多极化的方向发展。近二三十年来，国际形势总体和平稳定，但局部仍有战乱冲突。宗教、民族和领土争端成为国际外交中极易引发不稳定因素的领域；霸权主义、强权政治、恐怖主义、难民问题成为当前笼罩在全球发展进程上空的阴霾。新形势下中国谋划的国际发展战略与其一贯以来所秉持的外交立场是方向一致、层次递进的。在冷战后多极化的世界发展格局下，中国奉行"韬光养晦、有所作为"的外交战略，坚持互信互利，反对强权霸权，"积极推动建立国际政治经济新秩序"。自 20 世纪 90 年代以来，中国先后与不同国家和地区建立不同层次的"伙伴关系"，始终坚持相互尊重、求同存异、合作共赢，逐渐形成一个相对完整的对外关系框架，也为中国营造了良好的国际环境。在此基础上，中国积极参与构建全球经济治理体系，重新定义新型大国关系，创新周边外交思维，提倡"人类命运共同体"意识，努力向外界传达一种相互依存、同舟共济、权责共担、合作共赢的外交价值观。

（二）"三期叠加"阶段中国的创新举措

在经过长达三十年的经济高速增长过程之后，当前中国经济进入增速放缓的"新常态"阶段，正处于增长速度换档期、结构调整阵痛期、前期刺激政策消化期"三期叠加"的状态之中。"三期叠加"使得中国面临着 L 型的经济下行压力，体制改革逐渐步入深水区，要应对由此带来的矛盾和困难，中国必须努力实现经济发展方式的转型，从规模速度型的粗放增长转向质量效益型的集约增长，从要素驱动转向创新驱动，合理优化产业结构，培育新的经济增长点。在新常态下，除了保持国内经济走势和宏观调控政策取向基本稳定外，中国政府还需采取有力措施，加快构建开放型经济新体制，培育国际竞争合作新优势，坚持共商、共建、共享，为中国经济创造和谐稳定的外部环境。在此意义上，"一带一路"建设将为中国经济带来重要的增长动力。

二、"一带一路"建设的深刻内涵

（一）破除路径依赖，重建新的经济走廊

"一带一路"在空间布局上的伟大创见，在于它打破原有的点状、块状区域发展模式，通过基础设施建设与贸易投资往来，打造互联互通的带状发展模式。从中国出发，西进向内陆经中亚到达欧洲大陆，东延经海路以达东南亚诸国，整合亚欧非大陆，形成陆地、海上的闭环，既为中国开拓了新的国际发展合作空间，打造新的油气物资资源通道，又开拓了国家的战略纵深，强化国家领土安全。

2015 年 5 月 27 日，国务院副总理张高丽在出席亚欧互联互通产业对话会开幕式上，首次明确宣布中国正在与"一带一路"沿线国家一起，积极规划中蒙俄、新亚欧大陆桥、中国—中亚—西亚、中国—中南半岛、中巴、孟中印缅六大经济走廊建设，亚洲基础设施投资银行和"丝路"基金将为亚欧互联互通产业合作提供有力的资金支持。

这六大经济走廊是"一带一路"最重要的物质载体，铁路、公路、海路、油气管道、光缆全方位铺设，将重要的节点城市和跨国别、跨板块的区域经济圈连接起来，打造经济、能源、交通运输、信息传递大通道，形成便捷高效、有序畅通的基础设施综合网络，覆盖能源、产业、金融、物流、创投、互联网等多个层面，以此推进沿线国家资源优化配置、经贸文化互联互通，形成新的区域经济增长极。

（二）传承古今文脉，重塑新的"丝路"精神

两千年前中国人所开辟的"丝绸之路"有四条：一是经云贵高原通往南亚的"茶马古道"，二是经新疆通往中东地区的"沙漠丝绸之路"，三是经蒙古通往俄罗斯的"草原丝绸之路"，四是经南海通往太平洋、印度洋的"海上丝绸之路"。

相比欧洲人开辟的充满血腥掠夺和暴力殖民的新航道，古代"丝路"见证了沿线各大文明体系的和谐交融：四大发明渐次西传，三大宗教逐一东渐，丝绸香料、瓷器玉石、粮食瓜果等异域珍品沿着丝路流向世界的另一头。作为古代东西方文化相互交流融合的重要枢纽，敦煌所留下的文化瑰宝更让今人对当年异域文明的互通交融充满绮丽的想象，出土的大量佛经、洞窟和壁画创造性地融合了来自印度、罗马、古波斯、中亚等地的思想和艺术，同一区域的洞穴内竟发现可辨析的汉文、西

夏文、回鹘文、藏文、梵文、叙利亚文、婆罗迷文等多种文字。古代"丝绸之路"以其开放、包容、自由、和谐的精神，极大地推进和维系了欧亚大陆的经济发展、文明交流和文化繁荣，创造了人类历史上的艺术繁荣和人文高地。

国之交在于民相亲。今天的"一带一路"建设依然传承古"丝路"精神，在打造层级丰富的新经济走廊的同时，也串联起数条融合语言、思想、信仰、艺术、教育等涵盖多领域文明的新文化通道，为民心相通奠定了基础。"和平合作、开放包容、互学互鉴、互利共赢"的宗旨贯穿古今，共谋发展、共创繁荣，打造政治互信、经济交融、文化包容的利益共同体、责任共同体和命运共同体，是新时期新"丝路"的主旋律。

（三）寻求文化认同，重构新的文明图谱

今天"一带一路"的倡议，某种意义上是一次新的文化复兴。欧亚大陆在地理空间上被贯穿打通，为东西方文明的重新对话和平等交流创造了一种新的可能。作为倡议发起者的东方大国，中国树立起彼此尊重、包容开放、互惠互利、合作共赢的交往模式，传递的是一种"各美其美、美人之美、美美与共、天下大同"的东方价值观。

中国是个多民族国家，五方之民共天下。中国哲学主张和而不同、以和为贵，其背后承载的是一种均衡、稳定、尊重、包容的大国心态。在"一带一路"的建设过程中，这种带有东方普世价值意味的文化主张可以被传播、被感知、被识别、被认同，以合作为主基调的经济扩张和以交流为主旋律的文化输出是一种去殖民化的国际交往方式，它有可能在与西方强势自由主义意识形态的对抗中寻找到一种新的文化认同，进而在东方哲学谱系中为世界重构一种新的文明版图，在确定各经济体的最大公约数的基础上，打造一个有共同价值观指向的文化共同体。

第二节　丝路文化软实力的深刻内涵

丝绸之路是中华文化向外传播的重要载体，是中华民族跨越千山万水与世界产生精神交流的重要通道，习近平主席提出的"建设 21 世纪海上丝绸之路"的倡议，顺应了时代要求和各国人民加快发展的愿望，是造福海上丝路沿途各国人民和人类社会的伟大工程。丝绸之路的"团结互信、平等互利、包容互鉴、合作共赢"精神传承至今，融会贯通于"一带一路"建设，推动各国文化交融，应坚持共商、共建、共享"三建"原则和"五通"——政策沟通、设施联通、贸易畅通、资金融通、民心相通原则，弘扬和平合作、开放包容、互学互鉴、互利共赢的"丝路精神"……这些都是中国的文化软实力，以和平、合作、和谐为内核的中华"和"文化，为维护这条和平友谊之路作出了贡献，是支撑这条商路数千年不衰的精神力量，在中国特色社会主义的伟大事业中发挥着重要作用。

一、友好和平

丝绸之路开通后，东西方在政治、经济、文化方面开始进行和平友好的交流。在此期间，虽然有过纷争和战乱，但其主流是东西方之间友好和平的交流。西方通过丝绸之路和平友好地传来艺术、科技知识和各种宗教，并在中国产生了很大影响。中国的工艺技术，儒家、道教思想，也通过丝绸之路和平友好地传向西方，产生了重要而积极的影响。

历史上，还有很多和平友好交流的事迹。其中，玄奘西游加强了中印之间友好和平的文化交流。他不远万里去天竺寻求佛法，搜集佛教典籍，进行翻译和讲说，同时撰写《大唐西域记》，为东亚文化在世界文化中发挥积极作用打下了基础。鉴真应日本留学僧请求，先后六次东渡日本，弘传佛法。鉴真东渡促进了唐朝文化的传播，推动了文化的传播与交流。郑和下西洋，促进了中国和亚非各国的经济交流，加强了我国同亚非各国的友好关系。因此，丝绸之路不仅是东西商业贸易之路，而且也是中国和亚欧各国间政治往来、友好和平的交流通道。

总之，东西方经济、政治、文化交流赋予了丝绸之路友好和平的文化内涵。同古往今来任何一个发达、领先的巨大文明体形成鲜明对比的是，古代中华持主动权的对外文化交往，其基本的性质是和平的。因此，丝绸之路成为东西方和平友好交往的文化符号、文化象征和文化旗帜。

二、开放交流

丝绸之路开通后，虽然有过闭关自守的短暂时期，但从整体上看，基本保持了东西方之间政治、经济、文化的开放交流。因此，丝绸之路作为一种文化象征，就具有了开放交流的文化精神和文化特质。从秦汉时期开始，历经隋唐时期，再到宋元时期，从整个历史上看，丝绸之路的和平友好的开放交流时期持续了相当长的一段时间，开放交流的形式也占据了历史的主流。

三、兼容并蓄

历史上，最能体现丝绸之路兼容并蓄文化内涵的朝代是唐朝，唐帝国也以自身博大的胸怀，兼容并蓄地对待外来文化。唐代长安居住着很多外国移民。据记载，唐长安城中有至少有 5 座祆祠，其中 4 座在西市附近。在西市以北不远坐落着城中唯一一座基督教堂，该教堂隶属于东方教会。最能说明兼容并蓄这一现象的还有鉴真东渡、玄奘西行、遣唐使来访等历史事迹。

另外，以莫高窟佛教艺术和藏经洞文物为代表的敦煌文化和艺术，是在丝绸之路千余年发展演变的背景下，由不同国家和地区的多种文化不断交流融汇，进而创新，形成的古代人类文化、艺术硕果。"丝绸之路上的古代王国，往往对各种宗教和文化采取兼容并蓄的态度，它们互相包容，你中有我，我中有你。"它们的兼容并蓄，不仅对于研究中国古代历史文化、古代中西方多元文明交流的历史具有重要的史料价值，而且对于现代世界文化、艺术的发展具有重要的启示意义。

四、互利共赢

丝绸之路这条通往西方的国际通道，打通了中国文化首次外传的道路，将沿途的各个国家联系起来，把古老的中国文化、印度文化、波斯文化、阿拉伯文化、古希腊文化和古罗马文化连结起来，促进了东西方文明的交流与发展。

丝绸之路为中亚、欧洲地区带去了中国先进的冶铁技术，为中亚带去了先进的水利灌溉技术。冶铁技术的广泛传播推动了民族融合及各民族的广泛交流，而其最大的意义是生产力的促进和提高。丝绸之路开通后，丝绸与同样原产中国的瓷器一样，成为当时东亚强盛文明的一个象征，而且在东西方经济、政治、文化交流过程中，极大地促进了政治、经济、文化的发展和繁荣，东西方在经济、政治、文化交流中真正实现了共同进步和互利共赢。古代各国元首及贵族曾一度以穿着中国丝绸、家中使用瓷器为富有荣耀的象征。丝绸之路沿线各国都曾受惠于中国先进的物产、工艺、科技和政治文化思想，同时，随着南亚和中国及波斯地区的贸易活动日趋频繁，印度南部的商业景象异常繁荣。西方一些物产和珍禽异兽也经由丝绸之路传入中国。西亚、中亚、乃至欧洲的很多物产、工艺、宗教、艺术等都纷纷传入中国，大大丰富、提高了中国人民的生活质量，促进了中国的社会发展和经济繁荣。

唐代的《金刚经》雕版残本如今仍保存于英国。1466 年，第一个印刷厂在意大利出现，这种便于文化传播的技术很快传遍了整个欧洲。因此，丝绸之路上的这些经济、文化交流使东西方出现了互利共赢、共同进步和发展的局面。

五、开拓进取

丝绸之路的开通和发展本身就具有开拓进取的意识和精神。其中，张骞、班超、甘英、玄奘、鉴真、郑和等著名历史人物为加强文化交流，互相学习，勇于冒险，其意识和精神成为丝绸之路开拓进取精神的典范。下面我们就对张骞和班超的事例作一扼要介绍，以此来进一步印证丝绸之路所蕴含的文化内涵。

张骞是古代中国乃至世界历史上杰出的探险家、旅行家和外交家。他前后两次出使西域，时间长达 17 年，行程万余里，沿途历尽艰险，备尝辛劳。张骞对开辟从中国通往西域的丝绸之路有卓越贡献，至今举世称道。西方后世之人，将他誉为"中国哥伦布"，我国古代也有张骞"凿空"的说法。

六、开放包容

目前，参与"一带一路"建设的沿线国家有 65 个，而实际上，"一带一路"的"大家庭"却同时容纳了阿根廷、智利、委内瑞拉和美国等来自南美和北美的这些非传统"一带一路"线路范围的国家。西北大学丝绸之路研究院副教授席会东在接受央广网记者专访时表示："'一带一路'的建设体系是开放的、包容的，只要这些国家愿意，中国也欢迎他们共同参与'一带一路'的建设。这就是开放包容精神在世界未来的发展。这也是中国对外合作过程中一贯秉承的精神。"

丝绸之路上广泛的经济、政治、文化交流孕育了丝绸之路丰厚的文化内涵，它也是孕育中华民族文化性格的根基和灵魂。丝绸之路的文化内涵还是中国软实力的有机构成部分，在国际上具有很强的吸引力和感召力。在当代，我们要充分继承和发展其在历史上形成的文化内涵，坚持世界文化多元性和互补性，坚持中国与世界的互利共赢，为我国的社会主义建设和世界经济繁荣贡献其应有的文化特质和文化精神。

第三节　丝路文化软实力的历史价值和现代意义

古代丝绸之路是东西方进行经济、政治、文化交流的主要通道，当今丝绸之路文化业已成为东西方进行和平友好交流的友谊和象征符号。在当前推进"一带一路"建设的过程中，由于丝绸之路丰富的文化内涵已成为丝绸之路沿线经济建设的强大文化依托，因此其对在国内实现中华民族复兴的中国梦，在国际上实现各国共同繁荣的世界梦，进而建设人类命运共同体，具有深远而积极的重大意义。

丝绸之路不仅成为古代东西方之间的贸易之路、文化之路、友谊之路，也是当代中国走向世界、塑造未来，实现中国梦和塑造世界梦的根基和旗帜。

由此，丝绸之路的理论意义和现实意义，就是作为一个文化旗帜和文化符号，可以不断推动社会发展、进步和繁荣。文化的最终目标是在人世间普及爱和善良，爱和善良能超越一切，又能把一切激活。因此，丝绸之路文化昭示我们：中国社会经济健康发展的重要精神支撑，中国改革开放和民族复兴的深层动力、旗帜和依托只能是文化。总之，丝绸之路不仅塑造了人类的过去，也将塑造和主宰人类的未来。

文化是一种持久而强大的力量，可以说文化既是我们经济建设的起点，又是经济建设的终点。文化价值具有深远性、潜在性等特征。因此，我们要大力挖掘丝绸之路文化的当代价值，这对于促进社会发展和经济繁荣，实现中国梦和世界梦来说，无疑具有重大意义。

一、丝绸文化传播彰显宽容兼蓄的传统文化自信

中华文明历史上经由丝绸之路吸收而来的优秀外来文化，对丰富、滋养、延续和传承本土文化起到了重要的作用，使中华文明作为世界上唯一不曾中断的古文明绵延至今。因而，今日播洒于全世界的中华文明种子，饱含着来自世界各国的文化因素和最容易为不同种族、不同宗教的国家所能接受的博大文化精神。从人类文明观的高度设想、从友谊桥梁的设立初衷而引出的"一带一路"倡议，必将在未来收获来自世界不同文明的响应和来自各国各民族的友谊，彰显出中华民族宽容兼蓄的文化自信。多元平等、相互尊重、相互包容、交流互鉴的人类文明观正是对古丝绸之路历史文化精神的弘扬。同样，从文化角度入手挖掘丝绸之路文化精神的深刻内涵，也是我们作为人文社会科学研究者重现丝路辉煌，重建丝路文明，彰显中华民族文化自信的必由之路。

二、丝路文化是建设和推进"一带一路"的文化依托

为了使欧亚各国经济联系更加紧密，相互合作更加深入，发展空间更加广阔，可以用创新的合作模式，共同建设"丝绸之路经济带"，这是一项造福沿途各国人民的大事业。要依托丝绸之路沿线丰富的文化资源，调动各方力量，从而推动丝绸之路文化产业带建设。历史上，丝绸之路主要存在于和平时期，而且商品和文化的交流带来了共同繁荣，因而这个文化符号的内涵可以归结为和平、友谊、交往和繁荣。从这个角度看，中国政府借用"丝绸之路"这个文化符号向世界传递了一种理念，这就是"和平、合作、发展、共赢"。因此，丝绸之路的文化内涵和文化资源理应成为中国建设和推进"一带一路"的重要文化依托，理应为中国和世界的社会发展和经济繁荣作出更大的贡献。

三、丝路文化是实现民族复兴和国家富强的文化动力

文化是根，教育为本，经济腾飞，人才助力，复兴文明，文教先行。文化与教育是层层相因、袭袭相连的，深化教育改革不能不考虑教育中的文化要素。文化与教育相伴而生，相随而长，在漫长的历史长河中，互为前提，互相砥砺，两者缺一不可。教育作为文化形式会反作用于文化整体，使自身体现出深刻的文化上的意义。坚持"利人利己"的互利共赢理念，以"中正和谐"的方法化解可能的分歧，不仅是对"一带一路"的建设，更是对长期时间内我国价值观及正面国际形象的确立和传播有着重要意义，是实现中华民族伟大复兴的有力推手。习近平指出，实现中华民族伟大复兴，是中华民族近代以来最伟大的梦想。而要实现民族复兴和国家富强的中国梦，丝绸之路的文化内涵和资源赋予我们的和平友好、开放交流、兼容并蓄、互利共赢和开拓进取精神，就是我们不断取得事业进步、梦想成真的强大文化动力。文化兴国、文化强国从来都是中华民族伟大复兴的金字招牌。坚定地走文化兴国和文化强国之路，就必须在继承发扬我国丝绸之路的文化传统和文化血脉、大力提升中华文化的内涵品质、不断扩大中华文化的国际影响力和世界认同度中，在与西方文化的抗争中不断巩固中华文化的主流地位、展示中华文化的强大生机与活力。

实现中华民族伟大复兴的中国梦是一项光荣而艰巨的事业，我们一定要承前启后、继往开来，充分挖掘丝绸之路的文化价值，充分利用丝绸之路的文化依托和文化动力，继续朝着中华民族伟大复兴的中国梦这个目标奋勇前进。

四、丝路文化是推行和平外交和改革开放的根基底蕴

丝绸之路的文化内涵理应成为我们推行和平外交和改革开放的文化根基和底蕴。在继续大力开展政府外交、政党外交的同时，我们要积极挖掘丝绸之路的文化底蕴，大力开展同世界各国的文化交往活动。

和平外交政策的文化根基和底蕴也是丝绸之路所形成的文化内涵和文化特质。丝绸之路是用文化资源做桥梁，谋求中国和世界其他文明和平共处、共同进步、共同繁荣。事实表明，中国经济的发展，正在成为亚太地区和世界经济增长的重要推动力量。因此，继续推行和平外交也体现了丝绸之路所蕴含的文化根基和精神。

改革是中国的第二次革命，改革的实质就是要从根本上改变束缚生产力发展和社会进步的各种具体制度，以适应社会主义现代化建设的需要。邓小平明确指出："改革是中国的第二次革命。"改革的文化根基和底蕴，同时可以归纳为历史上丝绸之路所形成的文化内涵和特质，尤其是丝路文化的开拓进取和互利共赢精神，更应

该成为我们进一步深化改革的文化根基和底蕴。

五、丝路文化是冲出亚洲和走向世界的中国文化旗帜

时至今日，世界上的经济、政治、文化交流日益频繁。但精神文化的传播只能以自愿接受为前提。而丝绸之路的文化内涵具有强大的吸引力和感召力，是中国软实力的有机组成部分，必然会吸引其他国家的人民认同和接受、赞赏中国丝绸之路文化的精神实质。

由于丝绸之路的文化内涵，也由于在经过三十多年的改革开放后，我们在物质文明上逐渐赶上了世界，所以随之而来的，将是一个文化大国的崛起，及其与之伴随的必要的文化自觉和文明担当。中国文化走向世界的主要目的是让世界了解中国和中国文化，消除"中国威胁论"在国际上的消极影响。如果走出去的文化和国人具备了优良的素质和文明的举止，中国文化的地位就能随之提升。

因此，丝绸之路的开放交流、兼容并蓄等文化内涵就成为我们走向世界的潜在文化性格，丝绸之路理应成为我们展示大国风采、冲出亚洲走向世界的文化旗帜。

六、丝路文化是建设人类命运共同体的中国文化灵魂

习近平倡议的"人类命运共同体"生动地呈现了中国的"世界梦"，是继"新型国际关系"后推出的又一重大国际关系理念，超越了历史上大国争霸的"零和博弈"窠臼。"人类命运共同体"是复兴中的大国在新形势下对世界新秩序的设想和规划。因此，"人类命运共同体"的提出就为我们和世界其他国家的文化兼容并蓄、和平共处做好了铺垫。

1991 年联合国教科文组织曾对丝绸之路做出定义："商品交易之路，文化交流之路和东西方对话之路。"文化的最终目标，是在人世间普及真善美。因此，丝绸之路文化也是我们给予世界的精神食粮和终极关怀，它既是我们的起点又是我们的终点，而且也是我们建设人类命运共同体的文化灵魂。

七、丝路文化软实力建设已成为国际旅游业发展的新动力

尽管丝绸之路是一条商业贸易路线，但其深刻的价值在于这条路线所承载的人类思想和文化。而丝绸之路文化正是加强"一带一路"国际对接建设的基石。丝绸之路最具持久性的作用之一就是将国家和文化交汇在一起，并以此促进一系列政治和经济的联系和发展。2013 年，联合国教科文组织和世界旅游组织共同发起"丝绸之路遗产走廊"旅游战略项目，以文化为依托，继续支持丝路沿线国家旅游的紧密合作，建立安全、可靠、无缝对接的旅游体系。

2015 年，中国"一带一路"《愿景和行动》明确提出与丝路沿线国家共同开展世界遗产的申请及保护工作，进一步深化国际旅游合作，联合打造具有丝绸之路特色的国际精品路线和旅游产品。Tim Winter 发现，"一带一路"所提出的多边合作格局与世界丝绸之路项目的发展目标是一致的。"一带一路"强调文化合作与交流是深化多边合作的民意基础，是丝绸之路和平合作精神的具体体现。截至 2016 年，丝路沿线已有 33 个成员国家参与了世界丝绸之路建设项目，积极响应"一带一路"倡议。2016 年，中国、哈萨克斯坦、吉尔吉斯斯坦跨国联合申报的"丝绸之路：长安——天山廊道的路网"项目申遗成功，成为了世界上第一段列入遗产名录的丝绸之路遗产，开启了"一带一路"文化合作的大门，也为跨国旅游合作打下了坚实的基础，丝路文化已经成为了沿线国家旅游业发展的旗帜。丝绸之路千百年来的文化碰撞和互动是人类文明发展的重要组成部分，使丝路文化旅游具备了民族性、艺术性、神秘性和多样性之魅力。而在"一带一路"共建过程中，如何借助丝绸之路的文化品牌，发扬合作共赢的精神，成功打造丝路文化跨国旅游圈，提升民族文化识别和认同，推动地区经济和社会的可持续发展，这将是国际旅游业未来发展的新挑战。文化软实力建设，如跨国文化互动、人才交流、学术往来的科技合作等，都将成为国际旅游业发展的新动力。丝路文化软实力建设已成为"一带一路"向前推进的新标杆，我国旅游业国际化发展与合作将为丝路文化软实力的建设添砖加瓦。

中国经济发展取得一定的成绩之后，肯定会希望与世界各国建立更加密切的联系，这在理论上也恰恰契合古人"协和万邦"的政治理想。在当前不可阻挡的全球化趋势下，中国发展跟世界几乎每个角落都产生关联。在"一带一路"的政策性支持下，中国与外界的联系将会更加顺畅通达。中国历经改革开放四十年，取得重大进展，"一带一路"就是希望能够带动周边国家的发展，传递中国的"正能量"。反过来说，与世界各国的友好往来，也会促进中国进一步的发展。

第四节　丝路文化建设的目标和途径

对于历史文化，只有通过充分展示和传播才能发挥其效益。充分发挥公共设施宣传丝路文化，在广场、公园、高铁、地铁、公交等公共领域，同样要创新和发展丝路文化，把我国深厚的历史文化资源和优秀的精神品格融入到城市建设和市民生活中去，抓住这千载难逢的机遇，奋力提升丝路文化软实力，让其更好地助推经济、服务民生。

一、"一带一路"建设下文化软实力的建设目标

秉承和而不同、兼收并蓄的理念，顺应文化多样化的世界潮流，"一带一路"承古惠今，既是对古代丝绸之路东西方文明交融的继承和发展，又在新时代开创了东西方文化交流合作的巨大空间，更将唤醒"一带一路"沿线遗存的中华文化基因，形成具有强大影响力和辐射力的中华文化生态圈，提升中国文化软实力，助推中华文化伟大复兴。

"一带一路"建设下文化软实力的建设目标，一是联结民心，实现"一带一路"和谐共荣的发展图景。"一带一路"沿线65国，需要通过文化交流来增进了解、认同和信赖，夯实彼此的情感基础、民众意愿和社会基础，实现"民心相通"，进而真正成为政治互信、经济融合、文化包容的利益共同体、责任共同体和命运共同体。"一带一路"将再次恢复古"丝绸之路"文明多元共荣共生的世界景观，也必将深刻影响世界政治、经济格局，成为全球和平与发展的重要基石。

二是复兴中华，提升我国对国际新格局的文化影响力。当前我国正处于从经济全球化向文化全球化转变的重大转折期，"一带一路"应运而生，成为我国倡导国际关系新格局的重要战略。这是中华民族文化复兴的新机遇，也是中国哲学与中国思想重新彰显魅力的新机遇。"一带一路"的构建必将唤醒古"丝绸之路"遗存的中华文化基因，以"己所不欲，勿施于人""言必行、行必果"为代表的中国优秀传统文化将更大范围地走向世界，成为世界文化主导权和话语权的有力倡导者。通过文化交流塑造国家良好形象，增强我国对国际新格局的文化影响力，提升国家文化软实力，将成为"一带一路"建设的核心使命。

三是深化合作，促进各国各地区文化经贸互利共赢。"一带一路"促进沿线国家互联互通，通过双边、多边文化交流与合作机制，在形成文化共识的基础上建构共

图1-14 "一带一路"合作高峰论坛会徽

同参与、共同建设、共享利益、共识推动的文化平台，实现文化资源跨境整合，不仅有益于建立文化遗产的保护发展长效机制，使各国的"丝路"文化遗产焕发生机，更有益于各国各地区文化交流融合，取长补短，促进各国各地区文化的繁荣发展，实现各国之间的互利共赢。

二、丝路文化建设待解决的问题

对照建设"一带一路"的新形势和新要求，我们仍然面临着一些亟待解决的问题，应该着眼于未来，讲好中国故事，传播好中国声音，阐释好中国特色，把软实力建设贯穿于"一带一路"建设全过程。

（一）要注重以人为本

"一带一路"涵盖的国家远远跨出了洲的范围，从亚洲到非洲，再到欧洲，所涉及的内容也不仅仅是经济上的交往，在很大程度上是民心的相通、人与人之间的交流。所谓民心相通，就是要"人通此心，情通此理"。以人为本、凝聚共识往往可以打破地理的界限，因此，"一带一路"应建立在人的需求和人的尊严的基础上，建立在合作的基础上。

（二）建立在共赢、互助互学的基础上

2017年5月14日，"一带一路"国际合作高峰论坛在北京举行，这是"一带一路"倡议提出以来最高规格的论坛活动，我们应当定期举行重量级的国际论坛，可以分别在沿线国家轮流举办，并将以人为本等理念融入论坛的具体内容，共商大计，共襄盛举，使得"一带一路"建设的凝聚力更强，从而不断向更宽领域、更大规模、更深层次迈进。

（三）要着力文化沟通

文化差异是"一带一路"沿线国家的最大差异，文化融合是最要紧的融合，文化交流与合作是建设"一带一路"的题中应有之义。因此，"一带一路"倡议的文化沟通和相关探讨极为关键，要积极发挥文化的桥梁作用和引领作用，加强各国各领域、各阶层、各宗教信仰的交流交往，努力实现沿线各国的全方位交流与合作。

（四）要强化专题研究

软实力是"一带一路"建设的重要助推器，美国兰德公司的一份报告曾预测，一个国家讲故事的能力、故事的说服力和取信于民的能力，将是软实力的关键。建议组织高校、科研院所、民间研究机构等进行理论研究和话语体系建设，针对"一带一路"沿线的每一个国家、每一个区域，基于社会政治制度、宗教信仰、文化理念等方面的特点开展研究，加强国际传播和舆论引导，构建对外话语体系，发挥好网络等新兴媒体作用，引发共同的价值共鸣，让世界明白这一倡议是以发展为主

线，是惠及人类自身的发展蓝图。

（五）要加快环境对接

一是规则的对接，通过谈判和协商，与沿线各国的发展战略实现对接，使各个分散运行的区域经济合作框架和规则能够相互适配；二是技术标准的对接，以贸易和投资便利化为目标，减少贸易壁垒，消除各种要素在不同经济体之间自由流动的障碍，采取便利通关的措施，简化海关、卫生检验检疫程序，推广电子化报关等手段，优化市场软环境。

"一带一路"是新常态下形成全方位开放格局的重要国家战略，与中华民族"两个一百年"的梦想高度契合。建设各国共享的百花园，需要我们以合作共赢为基础，弘扬丝路精神，扎扎实实地致力于提升自身软实力，软硬协同，稳步推进。

三、传承发扬丝路文化途径

据联合国教科文组织统计发布的报告《文化贸易全球化：文化消费的转变——2004~2013年文化产品与服务的国际流动》显示，自2010年起中国已位居世界文化产品出口第一大国，但引领全球贸易出口的文化产品是以电子游戏为主的"视听和互动媒体产品"和以金制珠宝和配件、雕塑和塑料装饰品为主的"视觉和艺术工艺品"，而更加注重文化内涵、创意设计、思想价值的"文化和自然遗产""书籍和新闻产品""设计和创意产品"等则相对落后于发达国家。国家统计局研究表明，2012年中国文化产品出口仅占全球市场份额的3.19%，由于核心竞争力不强，因此"还称不上是文化产业强国"。"一带一路"背景下，中国文化产品和服务面临着难得的发展机遇，文化出口必须更加注重内涵式发展。提升中国文化软实力、推动中华文化走出去必须注意以下几个问题。

（一）文化建设、软硬兼顾

推进"一带一路"文化建设，既要有硬件设施、政策、体制、机制的支撑，也要有软件内容、项目、活动、品牌的提升，要软硬兼顾、内外兼修。在维护国家文化安全、服务"一带一路"总体战略的前提下，依托重点区域文化发展带，建设国际文化合作走廊，努力提高我国文化领域开放合作水平。

一方面，要依据"一带一路"相关省市自治区（直辖市）的区位优势和文化资源禀赋，初步形成覆盖西北、东北、西南、长三角、珠三角、海西等重点区域的文化发展带，力争与中亚、西亚、北非、南亚、东南亚、中东欧、东北亚等沿线区域共同建设文化合作走廊，形成系统化、可持续、开放性的发展格局，构建重点文化发展区域网络。同时，要进一步健全与沿线国家政府、民间文化机构的人文交流合作机制，完善部际、部省、官民合作等工作机制，形成政府统筹、社会参与、官民并举、市场运作的整体发展机制和跨地区、跨部门、跨行业的文化交流合作协同发展态势。

另一方面，要在"一带一路"沿线国家形成布局合理、功能完备的中国文化中心设施网络，在西部地区尤其是边疆地区建设一批有示范作用的"一带一路"文化交流基地。以"一带一路"为主题的各类艺术节、博览会、交易会、论坛、公共信息服务等要逐步实现常态化和规范化，形成层级丰富、开展有序的文化交流合作平台。同时，要充分发挥"丝绸之路文化之旅""丝绸之路（敦煌）国际文化博览会"等重大文化交流品牌活动的载体作用，不断繁荣沿线省市自治区的"丝路"主题文艺精品创作，积极培育一批面向"一带一路"国际文化市场并具有国际竞争力的外向型文化企业，使"一带一路"文化贸易综合服务体系建设渐成规模。

（二）内容为王、形式为道

中国是个多民族国家，各民族文化相互比较借鉴、学习竞争，各种体系的文化交叉互渗、兼收并蓄，形成博大精深、取之不竭的文化宝库。在开展文化软实力建设时，要进一步整理开发、继承发展传统文化思想和文化资源，注重提升各民族文化的凝聚力和创新力，使多元文化持久和谐共处、相得益彰。

一方面，要特别重视文化产品和服务的内容选择，要将弘扬中华民族优秀传统文化和现代时尚文化相结合的中华文化作为我们的底线和核心，立足国情，展现中国文化的灿烂底色。既从深厚的文化宝藏和文化积淀中挖掘文明理念、文化遗产和人类智慧，从厚重的历史、深刻的思想和绚丽的技艺中展现东方文明的精髓，又要注重对当代中国文化形象的塑造和宣传，从日常生活和社会生态中展示中国在科技、制造、艺术、人文等领域的发展优势和创新成果，进而展现具有时代先进性的中国制度、中国道路、中国理论和中国精神。

另一方面，也要特别重视文化产品和服务的传播形式和传播艺术。要考虑沿线国家所顾虑的文化安全和意识形态，考虑当地人民的审美意识、期待心理和文化习惯，从不同国别、民族和地区的受众角度出发，兼顾对方文化思维和中国文化特点，用当地喜闻乐见的形式传播中国文化。同时，积极构建以整合传播为特征的立体化传播体系，有机融合政府宣传与市场传播、经贸合作与文化交流、官方外交与民间交往、大众文化与人际行为，根据不同传播主体和传播渠道的特点，突出各种传播的针对性、艺术性和特殊性，实现各种资源的相互补充，提升整体传播效果。

（三）创新引领、科技驱动

统计数字显示，2015 年我国包括 IP 版权交易规模和授权衍生周边在内的广义产值突破 4200 亿元，预计 2016 年将突破 5600 亿元人民币。在技术驱动、需求拉动、国家助推、资本助力等因素的作用下，未来数字内容产业将成为全球新的经济增长点，数字文化产业也将占文化产业的绝对比重。

十八届五中全会将"创新"置于五大发展理念之首，表明创新是当前时代发展的第一动力。在云计算、物联网、移动互联网、大数据、智能城市等变革性科技的推动和融合下，在 3D 打印、VR 技术、全息成像、人工智能、可穿戴技术等高新前沿技术的深度影响下，文化产业的表现形式、内容制作、经营管理、运作模式等方面都会出现巨大的变化，以创意性和新技术为特征的文化产业新业态层出不穷，传统产业也将焕发出新的时代光彩。

因此，当前要开展文化软实力建设，必须特别重视对新兴技术的融合应用，坚持创新引领，科技驱动，通过技术创新不断倒逼内容革新，为更广阔的国际市场提供具有时代竞争力的文化产品，将中国从"文化资源大国"提升为"文化产业强国"。

（四）双向传播、互惠互鉴

"一带一路"建设强调文化交流、文明互鉴，这就要求一切往来与合作都应该是双向互动的。在鼓励中国企业走出去拓展海外市场的同时，也要欢迎外国企业和资本引进来开放国内市场；在推动中国文化走出去的同时，也要以开放包容的胸怀学习和借鉴其他国家和民族先进的文明成果、先进的管理制度和先进的行业经验。

过去三十年，改革开放让我国东部沿海城市和地区率先实现了经济腾飞，但相应地也造成了西部内陆地区在发展上的迟缓和滞后。新时期下，"一带一路"战略重新规划了中国未来的发展路线，使西部地区成为改革开放的新前沿。中西部省市应该抓住这次宝贵的发展契机，改变过去相对传统保守的体制和思维，扭转长久以来东西部地区发展不平衡的状态，积极发挥自身区位优势和资源禀赋，与地理趋近、文化趋同的沿线国家和地区开展更多"互联互通、互惠互鉴"的合作，实现中西部地区的跨越式发展。

（五）全球视野、包容和谐

"一带一路"建设涉及亚欧非 65 个国家、44 亿人口，东连亚太经济圈、西接欧洲经济圈、横跨欧亚大陆，涵盖政治、经济、文化、外交、安全等诸多领域，是一项具有全球视野、蕴藏中国智慧、基于长远考量的综合性发展战略。它是中国版的全球化战略，致力于主导泛区域化合作和深度参与全球治理改革，始终反对暴力殖民、主权干预、文化渗透、争霸世界，始终将开放包容、尊重多元、平等合作、和谐发展作为推进"一带一路"建设的主基调。

（六）现代传媒、助力腾飞

探讨互联网条件下的现代教育，通过"互联网+教育"推动中外文化教育交流互鉴活动，在此意义上的文化软实力建设必须跳出自我意识，超越局域思维。既要通过换位思考，理解沿线合作国家的担忧疑虑，积极采取各种方式消除外界误解，纠正误导性舆论和攻击性言论，让共建、共享、共赢的发展思路真正深入人心，让睦邻、友邻、惠邻的大国形象真正感同身受。同时也要立足全球视野，积极寻求各方在经济、政治、文化等方面的"最大公约数"，建立起复兴欧亚的共同理想，肩负起全球治理的共同责任，承担起维护和平的共同义务，实现互利共赢的共同目标，打造真正意义上的人类共同体和命运共同体。

促进丝路文化大众化，在建设"丝路"经济带新起点、打造内陆型改革开放新高地的过程中，必须依托自身的区位和资源优势，找准融合"丝路"发展的契合点，激发文化的内生动力，把沉睡的古丝路文化唤醒，让历史文化鲜活起来并走进大众。开通"丝路专列"，就是以文化为载体，让大众用视觉触摸历史，用灵魂感受发展。

新时代，新动能，新经济，新征程，让我们把握时代脉搏，秉承信念，不忘初心，继续前行，促进文化的大发展、大繁荣。当下，我们应该以丝绸之路赋予的时代精神为理念，继续传承丝绸之路精神，展示当代中国繁荣昌盛之风貌，展现泱泱大国责任之风范，走出东西方对话的和谐之路，突破民族与地域的概念，坚持求同存异、互利共赢，并且大规模地将丝路文化所具有的国家软实力内涵辐射到欧亚大陆。

四、"一带一路"建设中的责任担当

推进"一带一路"建设，离不开中国的"软实力"，一是文化，二是人才。人才是执行落实"一带一路"倡议的关键，"一带一路"倡议，赋予古代丝绸之路以全新的时代内涵，体现了包括中国在内的"一带一路"沿线各国的共同利益，是面向未来的国际合作新共识，展现了中国梦与世界梦相互联通，各国携手打造人类命运共同体的美好愿景。

（一）参与"一带一路"建设，首先应怀有一颗开放包容之心

"一带一路"沿线国家众多，地理、民族、历史、文化、宗教、政治差异极大，要求人才具备宽广的国际视野，秉持开放的心态，求同存异，尊重彼此的信仰和习俗。只有在此基础上，才能构建不同文明相互理解、各国民众相知相亲的和平发展格局。

（二）参与"一带一路"建设，还应怀有一颗平等互鉴之心

文明没有高下之分，国家无论强弱，民族无论大小，都应该被平等对待。"一带一路"沿线各国和各民族都曾是古老璀璨的丝路文明的缔造者和参与者，具有各自的特色和优势。"一带一路"的交流，应在平等的基础上，互相学习，互相借鉴，共

同提高。"独行近，众行远。"共商，共建、共享，是贯穿"一带一路"建设的主旋律。建设"一带一路"，不是中国一家的事，也不是某几个国家的事，而是沿线国家和参与国家共同的事业。参与"一带一路"建设，要有一颗互利共赢之心。要学会合作，既要实现自己国家的诉求和战略目标，还要考虑对方的特殊性和诉求，兼顾其他国家的利益，在最大程度上实现共赢。

(三)"一带一路"建设有机遇，也有风险，需要资源和承诺，需要时间

参与"一带一路"建设，要有一颗担当实干之心，勇于直面困难，敢于承担责任。"一带一路"建设要落到实处，离不开人才的各种实践，只有脚踏实地地学习和工作，才能真正了解"一带一路"沿线国家的社情民意，才能知行合一。

(四) 参与"一带一路"建设，要有一颗创新发展之心，不囿于历史，不墨守陈规

"一带一路"沿线情况多元复杂，"一招鲜"是行不通的，需要创新合作模式，开拓多元合作平台。同时，"一带一路"倡议是面向未来的蓝图，要以发展的眼光看待参与各国，秉持绿色发展理念，做长久可持续的事业。

建设"一带一路"离不开广大青年人才的参与。只要抓住历史机遇，提升自身的硬实力和软实力，找准与"一带一路"的结合点，都能为"一带一路"带来更多的智慧和力量。

第二编

现实定位 丝路新语与合作共赢

第一章 "一带一路"建设的
提出背景及原因

·前言·

"一带一路"是"丝绸之路经济带"和"21世纪海上丝绸之路"的简称。它将充分依靠中国与有关国家既有的双多边机制,借助既有的、行之有效的区域合作平台。"一带一路"建设构想的提出,契合沿线国家的共同需求,为沿线国家优势互补、开放发展开启了新的机遇之窗,是国际合作的新平台。"一带一路"建设,是我国最高决策层主动应对全球形势深刻变化、统筹国内国际两个大局作出的重大战略决策,是关乎未来中国改革发展、稳定繁荣乃至实现中华民族伟大复兴中国梦的重大"顶层设计",具有深刻的历史背景、时代背景,对我国现代化建设和全面建设小康社会具有深远的战略意义。

·本章知识要点·

● "一带一路"建设的提出背景
● "一带一路"建设的提出原因

【情景导入】

什么是"一带一路"?

2013年9月和10月中国国家主席习近平分别提出建设"丝绸之路经济带"和"21世纪海上丝绸之路"的战略构想。"一带一路",简称"B&R",是"丝绸之路经济带"和"21世纪海上丝绸之路"的简称。"一带一路"贯穿欧亚大陆,东边连接亚太经济圈,西边进入欧洲经济圈。历史上,陆上丝绸之路和海上丝绸之路就是我国同中亚、东南亚、南亚、西亚、东非、欧洲之间经贸和文化交流的大通道,"一带一路"是对古丝绸之路的传承和提升,获得了广泛认同。

"一带一路"不是一个实体和机制，而是合作发展的理念和倡议，是依靠中国与有关国家既有的双多边机制，借助既有的、行之有效的区域合作平台，旨在借用古代"丝绸之路"的历史符号，高举和平发展的旗帜，主动地发展与沿线国家的经济合作伙伴关系，在平等的文化认同框架下谈合作，共同打造政治互信、经济融合、文化包容的利益共同体、命运共同体和责任共同体，体现的是和平、交流、理解、包容、合作、共赢的精神。

第一节 "一带一路"建设的提出背景

一、历史背景

丝绸之路是张骞（约公元前 164~前 114 年）于西汉（公元前 206~公元 25 年）出使亚洲中、西部地区开辟的以长安（今陕西西安）为起点，经关中平原、河西走廊、塔里木盆地，到锡尔河与乌浒河之间的中亚河中地区、大伊朗，并联结地中海各国的陆上通道，连接亚洲、非洲和欧洲的古代路上商业贸易路线。从运输方式上分为陆上丝绸之路和海上丝绸之路。丝绸之路是一条东方与西方之间对经济、政治、文化进行交流的主要道路。它最初的作用是运输中国古代出产的丝绸、瓷器等商品。

陆上和海上丝绸之路共同构成了我国古代与欧亚国家交通、贸易和文化交往的大通道，促进了东西方文明交流和人民友好交往。在新的历史时期，沿着陆上和海上"古丝绸之路"构建经济大走廊，将给中国以及沿线国家和地区带来共同的发展机会，拓展更加广阔的发展空间。

二、时代背景

（一）国内战略背景——统筹两个大局，消化过剩产能

中国地域辽阔，生产力发展不平衡，邓小平曾于 1988 年提出"两个大局"思想，即：率先加快东部沿海地区的开放发展，然后以东部的力量帮助中西部地区发展。然而，在东部地区经济快速发展的同时，东部与中西部地区的差距也在逐步扩大。虽然自 2000 年以来，国家相继实施了"西部大开发"和"中部崛起"战略，对中西部地区的经济发展进行扶持，地区之间差距缩小，但是由于基础设施建设仍

不完备，对投资、人力资源吸引力不足以及交通物流成本较高等原因，区域差异依然较大。

"西部大开发"和"中部崛起"战略带来的中西部经济的增长更为依赖投资的驱动，相应地，消费和对外贸易却未同步发展，反映出"西部大开发"战略等扶持政策对于经济的结构化调整与升级的局限性。"一带一路"倡议，即是统筹两个大局，通过内陆的沿边开放，拓宽国内国外市场，促进中西部经济结构更为合理的发展，最终协调区域间的平衡发展，缩小区域贫富差距。

中国经济已经步入"新常态"，增速由高速转为中高速，实现产业转型升级尤为重要。然而，中国原有的"以量扩张"的经济增长模式导致工业产能过剩问题突出，金融危机时期的四万亿刺激措施更是加剧了产能过剩的矛盾，特别表现在钢铁行业。因此，扩大需求成为消化过剩产能的最优途径，而这就意味着需要拓宽现有的市场空间。"一带一路"倡议即是在东部沿海地区对外开放的基础上，向西开拓国际市场，以期消化国内过剩的工业产能。

(二) 国际战略背景——深化多边贸易，提升国际话语权

中国的崛起受益于改革开放以来融入国际多边贸易，对外贸易的蓬勃发展推动了中国经济的高速发展。通过拓展外部市场拉动外需、加强经济互利合作成为当前各国政府所寻求的措施。近年来，中国加速通过区域或者全球治理平台（例如，中国—东盟自贸区、上合组织等）即是加强对外开放与合作的信号。

相比其他国家，中国重视对外合作还有另外一层缘由，即金融危机以来中国经济体量逆势上升，跃居全球第二大经济体，进出口总量更是居全球首位。与外部融合的加深导致外部经济体波动或者国际经济规则的调整都将对中国造成巨大影响，这促使中国必须寻求有利于自身发展或者至少是互利的国际经济秩序。这意味着经济体量巨大的中国已然无法回避经济实力向战略影响力的转化与实现。因此，作为大国，中国必然需要积极参与全球事务，其中重要的一个方面就在于向亚太地区乃至全球提供公共产品。据此而言，对外投资将是大国深化国际合作的客观诉求；相对而言，中国对外投资的一大优势在于巨量的外汇储备，"外汇储备是对外的国民财富"这一性质决定了外汇储备只能用于对外经济活动。"一带一路"倡议的最终实施将完成中国利用外汇储备对外投资，为全球提供公共产品而提升自身话语权的战略目标。

(三) 国内改革步入深水区，对外开放面临调整转向，经济发展处于"三期叠加"的新阶段

当前我国经济的阶段性特征就是"三期"叠加。所谓"三期"，即增长速度进入换挡期、结构调整面临阵痛期、前期刺激政策消化期。正是在这样的背景下，

"十八大"后,党中央提出了改革开放再出发、深化改革、扩大开放新方略,重新定位经济发展"新常态",实现国民经济从高速增长到常态平稳增长的"软着陆",维持可持续发展和适度增长。这就需要统筹国内、国际两大资源和市场,寻求新的经济发展驱动力和增长点。

(四)世界经济转型升级的关键阶段,需要进一步激发区域内的发展活力与合作潜力

自 2008 年全球金融危机以来,世界经济结构的这些变化和调整,呈现如下明显特征:一是世界经济增长格局发生变化,过去几十年引领着全球经济增长的发达经济体,受困于高额的政府债务、投资机会的缺乏、欧债危机的冲击、产业创新的缓慢、紧缩的货币环境、居高不下的失业率等因素,在全球经济增长中的主导作用已经发生动摇,而新兴经济体与发展中经济体始终保持着较高增长率,逐渐成为稳定经济增长的主要力量;二是世界工业生产格局出现分化,发达经济体工业增长减速,部分产业空心化,而新兴经济体与发展中国家工业增长表现不俗,但作为工业增长引擎的制造业要想在全球工业生产格局中凸显领导力,仍尚待时日;三是世界资本流动格局发生逆转,原来的西方发达资本输出国大幅减少境外投资,美联储加息企图再次剪全世界的"羊毛",加速全球资本的回流,恶化了发展中国家融资环境,偿还外债能力减弱,金融体系的不稳定加剧;四是世界贸易格局进一步分化,美国、欧盟、亚洲发展中国家在刺激政策的作用下商品出口增长较快,日本出口形势则急剧恶化,而在商品进口方面,亚洲发展中国家增长强劲,继续保持领先,美国和欧盟进口则持续乏力疲软。在此情形下,我国对外开放长期以来以西方发达经济体国家为主的格局,需要调整、转向,与此同时,伴随着经济全球化步伐,区域经济一体化进程加快,我国周边的东盟、中亚、南亚等发展中国家和地区资源丰富,潜力巨大,亟需通过合作激活发展动力。

第二节 "一带一路"建设的提出原因

"一带一路"是中国资本输出计划的战略载体。在经济层面上,"一带一路"的战略目的有两大层次:近期着眼于"基建产能输出+资源输入",远期着眼于"商贸文化互通,区域共同繁荣"。基于以上分析框架,我们可以梳理出国内产业发展的五大主题机遇。

一、"通路通航"主题

包括交通运输业（港口、公路、铁路、物流），铁路建设与相关设备，航空服务、设备、整机生产等。在"一带一路"建设中，交通运输是优先发展领域，以加快提升我国与周边国家交通基础设施的互联互通水平，并形成区域交通运输一体化。

交通运输业（港口、公路、铁路、物流）将率先直接受益于亚欧交通运输大通道的建成，为带动区域经济发展创造条件，将加快推进公路、铁路、民航、海运等多种运输方式的互联互通，吞吐量将明显提升。连云港至鹿特丹港联通的新欧亚大陆桥，将强化其在国际陆路运输中的骨干作用。中国也将全力打造与我国第三大贸易合作伙伴——东盟地区的海陆空综合交通方式：海上——将中国和东南亚国家临海港口城市串连起来；内河——中国出资澜沧江——湄公河河道建设，打造黄金水道；公路——南（宁）曼（谷）、昆（明）曼（谷）公路已经开通，东南亚正在形成两横两纵的公路通道；铁路——中国计划以昆明和南宁为起点，建设泛东南亚铁路联系东南亚陆路国家。

交通基础设施建设和运营"走出去"，也将带动铁路建设与相关设备，航空服务、设备及整机生产等产业增长。我国在基础设施建设、港口运营、设备制造等领域的管理与技术优势，推动中国标准、技术、装备、服务和交通运输企业在更大范围和更高层次上"走出去"。中国的港口有丰富的基础设施建设和运营经验，铁路建设"走出去"给其他基础设施类公司走出去提供了良好的样板。同时，"21世纪海上丝绸之路"东南亚及南亚国家存在建设大港口的强烈需求，我们认为这些领域的优质企业存在建设和运营"走出去"的良好前景。尤其是在铁路建设方面，突破国家界限的"欧亚铁路网计划"，也会刺激铁路建设的发展。据不完全统计显示，目前有意向的铁路工程已达到0.5万公里，和欧亚铁路网的8.1万公里规划目标相比还有巨大的空间；而且中国依靠压倒性技术和成本优势，将成为铁路建设的最大受益方。

二、"基建产业链"主题

包含建筑业（建筑及基础设施工程），装备制造业（设备及配套类装备制造），基建材料（钢铁、建材、有色等）。

从需求端来看，"一带一路"的沿线国家，无论是从国内需求或是未来区域经济合作的角度分析，这些国家对于基础设施建设的需求均极其旺盛。"一带一路"沿线国家由于财政紧张的原因，基建投资支出不足，普遍呈现基础设施落后的现状——人均 GDP、人均公路里程、人均铁路里程等指标均远低于我国，亚洲和非洲的沿线国家与中国相比分别有 10%和 20%的城镇化提升空间，而中国在自身城镇化过程中累积的大量经验和产能可以对外输出。从国内来看，西北部区域各省区铁路、公路及高速公路密度在全国均属后列，新疆、青海、甘肃居于倒数 5 位，宁夏、陕西居于中后段水平，为实现"一带一路"各国间的基建对接，中国西北部的城市建设、交通运输网络等基建领域投资需求有很大空间。

从供给端来看，伴随着固定资产投资增速的下滑，我国建筑业及制造业产能过剩的问题日趋严重，"基建输出"能够大幅缓解我国建筑业、制造业的产能过剩问题。在"一带一路"的大背景下，我国参与设立"金砖国家开发银行"与"亚洲基础设施投资银行"，很大程度上表明了我国加大对外开展基建投资业务的战略构想。根据总体基建投入约占 GDP 的 5%估算，"一带一路"沿线对基建的需求或达到每年 1.05 万亿美元，而中国对外承包完成额在 2013 年仅为 0.14 万亿美元，仅占其中的 13%。主观意愿和客观条件形成合力，未来我国建筑业和制造业企业"走出去"的步伐将大幅加快，海外市场广阔的产业扩张前景将逐渐打开。

在"一带一路"的伟大构想支持下，对外工程承包施工企业"走出去"能形成较大的出口拉动，有效对冲国内需求端的下滑，从而带动整个"基建产业链"。目前全球经济复苏缓慢，国内经济也面临艰难转型，在当前贸易环境下，追求出口增长容易引起的诸多摩擦和矛盾，而对外投资的方式更容易被接受，用对外投资启动外需是比出口更好的选择，利用施工企业输出方式能带动国内设计、咨询、制造、材料、劳务、金融、保险、服务等多行业的输出，对冲国内需求端下滑。不同于外贸出口通常的低成本和低附加值，施工企业"走出去"方式有效带动的是中国附加值较高的产品，如机电产品，符合国家产业升级的目标。

三、"能源建设"主题

包括中国油气进口的管道建设相关产业，电站建设、电力设备等。

拓展新的油气资源进口途径是"一带一路"紧迫的战略目标。近几年我国对油气资源的需求在快速增加，但我国的油气资源进口主要是通过马六甲海峡的海陆运输，获取途径较为单一，能源安全较易受到威胁，拓展新的油气资源进口途径十分紧迫。

"能源建设"主题之下，构建中国陆上的能源大通道战略，将直接利好中国油气进口的管道建设相关产业。与西部新疆接壤的中亚国家油气资源极为丰富，是仅次于中东的第二个油气资源最为丰富的地区。目前我国从中亚及俄罗斯进口的石油量占比仍然偏低，天然气近几年从中亚的进口量在不断攀升，但随着天然气的普及，国内需求量的快速增长，通过新疆从中亚的进口量仍将持续增加。

未来，为满足新增进口量的输送需求，新疆将建设多条能源管道，包括：中亚天然气管道 D 线，西气东输三线、四线、五线工程，轮南—吐鲁番、伊宁—霍尔果斯等干线及天然气管道，中哈原油管道二期工程等，构建中国陆上的能源大通道。配套的输油管道、天然气的输送管道、电网以及道路运输等，这些领域必然迎来进一步的利好。加强与沿线国家能源资源开发合作，鼓励重化工产业加大对矿产资源富集和基础设施建设需求较旺的沿线国家投资，实现开采、冶炼、加工一体化发展，推动上下游产业链融合。

从需求面来看，"一带一路"沿线的发展中国家的电力消费水平极低，发展空间巨大。根据 2013 年的电力消费统计数据来看，"一带一路"沿线的非 OECD 国家的人均年电力消费量仅仅约为 1655.52KWH，而同期 OECD 国家的人均年电力消费量约为 7579.49KWH，前者仅仅为后者的 21.84% 左右，因此单从电力消费角度来看，"一带一路"沿线的非 OECD 国家的未来电力消费水平将会有极大的增长空间，伴随着电力消费量的增加，必然会带动这些国家的电力投资，从而带来巨大的电气设备需求。

由于这些国家国内制造业比较薄弱，"一带一路"所涉及的主要国家电气设备严重依赖进口。上述国家的总体进口比例约为 56.73%，按照此比例并且结合"一带一路"涉及地区的未来投资趋势计算可以得出，在 2014~2020 年期间，"一带一路"沿线地区非 OECD 国家大约有年均 1396.06 亿美元或更多的电气设备进口需求，今后我国的电力企业有可能会分享这个巨大的海外市场。

供给面来看，现阶段我国电气设备的产能严重过剩。2013 年，我国发电设备产量约为 1.2 亿千瓦，约占全球总量的 60%，而我国的年均装机水平只有 5000 万~6000 万千瓦，产能严重过剩，因此我国的电气设备企业有"出海"消化这些过剩产能的迫切性。

我国电气设备的技术水平在诸多领域都已属于世界先进水平，具备了在国际市场上的竞争优势。目前我国的水电项目及设备在国际上是极具竞争力的，全球的水电工程中大约有 80% 是中国企业建设的。在光伏市场方面，我国的太阳能电池产品的转换率在国际上处于先进水平，并且出口组件约占全球市场份额的 60%。

通过"一带一路"倡议的逐渐展开，我国电气设备"走出去"的步伐将进一步的加快，我国的电气设备在"一带一路"沿线地区的非 OECD 国家市场上占有 40% 左右的市场份额应该是可期的。照此比例计算，我国电气设备企业于 2014~2020 年期间在"一带一路"沿线国家的出口总额将可能达到约 984.35 亿美元/年左右，这将使我国的电气设备企业大幅受益。例如根据印度电气电子制造商协会的统计，中国的电气设备在 2012 年已经占有了整个印度电气设备市场的 44.92%的份额，而且据印度电力部统计，2012 年到 2017 年，印度已开工建设的装机容量为 7.6 万兆瓦，其中超过六成的设备可能由中国制造商提供。

四、"通商"主题

"通商"主题即商贸与文化产业。

长期来看，道路联通、贸易联通中同样伴随着文化沟通，丝绸之路自古是文化交汇的体现，其交流合作的内容涵盖了文化、旅游、教育等人文活动。培育具有丝绸之路特色的国际精品旅游线路和旅游产品，可以积极推进特色服务贸易，发展现代服务贸易。人员的流动还会加强沿线国家和地区的特殊旅游产品、文化产品、民俗风情、旅游线路及非物质文化遗产项目的发展，旅游企业可以开展旅游管理协作、旅游业务合作、旅游包机航线、旅游投资贸易、旅游服务采购。

从政策支持方面来看，文化旅游产业也将伴随着"一带一路"倡议的推进而迎来新的增长空间。"丝绸之路"是中国旅游最古老而且最具代表性的品牌之一，是"美丽中国"国家旅游形象的重要支撑。国家旅游局将 2015 年中国旅游主题年确定为"美丽中国——2015 中国丝绸之路旅游年"。国务院《关于促进旅游产业改革与发展的若干意见》要求"打造跨界融合的产业集团和产业联盟，支持具有自主知识产权、民族品牌的旅游企业做大做强"；要"推动区域旅游一体化，完善国内国际区域旅游合作机制，建立互联互通的旅游交通、信息和服务网络，加强区域性客源互送，构建务实高效、互惠互利的区域旅游合作体"。

五、"信息产业"主题

抓住各国经济的数字化趋势，加快我国信息产品和服务"走出去"。

"互联互通"是加强全方位基础设施建设，不仅是由公路、铁路、航空、港口等交通基础设施的建设组成，还包括互联网、通讯网、物联网等通信基础设施。"一带一路"国家之间的深度互通会对信息基建提出更高的要求，这对中国通信行业，特别是像华为、中兴和信威等已经成功"走出去"的通信基础设施提供商来说，构成重大利好。

中国通信设备产业作为"走出去"战略的先行者，在全球五大电信系统设备厂商中已占据两席，华为的销售收入已经超过爱立信跃居第一。目前华为海外收入占比已超过 70%，中兴海外收入占比达到 50%，烽火也有 10%的收入来自海外，中国电信系统设备厂商的全球竞争力，为落实"一带一路"规划中的通讯基础设施建设提供了重要的基础。回想中国企业的第一轮"走出去"，华为、中兴和信威等公司，受益于国务院扶持优势装备出口的优惠政策，相继获得国家开发银行数百亿元规模的买方信贷融资支持，从而在非洲、拉美、东欧等新兴国家市场拓展中占据优势。现在中国企业迎来第二轮"走出去"的战略机遇，一方面，全球经济的数字化趋势意味着"一带一路"沿线国家存在持续的信息基础设施建设增长空间；另一方面，亚洲基础设施投资银行、丝路基金等融资机构必然会积极对海外信息基础设施进行融资，这可以更加直接地关联到对中国设备的需求。中兴、华为等已经实施"走出去"战略并取得良好海外布局的排头兵，以及ICT领域其他已经开始海外拓展的公司都将迎来重大产业机遇。

第二章 "一带一路"建设的发展理念

·前言·

理念犹如旗帜，植根于大地，飘扬于蓝天，昭示着方向。发展理念是发展行动的先导。发展理念的正确与否，从根本上决定着发展的成效乃至成败。"一带一路"是以习近平同志为核心的党中央统筹国内国际两个大局，顺应地区和全球合作潮流，契合沿线国家和地区发展需要，立足当前、着眼长远提出的重大倡议和构想。"创新、协调、绿色、开放、共享"圆满诠释"一带一路"建设的发展理念。通过创新、和谐、多方协调发展，促进中国的全面开放，实现沿线多国共赢，这"五大发展理念"植根于中华大地，体现社会主义本质要求，昭示着中国特色社会主义发展方向。它首先坚持的是人民主体地位，始终围绕的是"人民对美好生活的向往"，实现共同繁荣的多国共赢之路，科学理念饱含时代性，更具划时代精神特质。这是基于对当今中国经济社会发展所处的新的历史方位、新的发展阶段、新的国际政治经济治理需要提出的整体推进中国经济社会发展的核心理念。

·本章知识要点·

- 创新发展
- 协调发展
- 绿色发展
- 开放发展
- 共享发展

【情景导入】

对外开放贯穿古今

公元前138年,张骞奉命率团前往西域,往返整整经历十三个春秋。丝绸之路的开辟沟通了东方与西方,中国先进的文明源源不断地传入西方,在不同层面都产生了重大影响,在很大程度上推动了世界文明的进程。丝绸之路不仅丰富了沿途各个国家的物质生活,更在物质交流的基础上,把我国当时一些先进的科学技术也传入西方国家。作为中国古代文明的重要标志的四大发明——指南针、造纸术、火药、活字印刷术,就是通过丝绸之路传向世界各地的,特别对西方文明的发展起了重要的促进作用。

图2-1 张骞踏千里风沙,拓丝绸之路

西方一些物产和珍禽异兽也经由丝绸之路传入中国。张骞出使西域,带回了很多新的物种,其中以葡萄最为知名,还有安石榴等。当时还出现了许多带有"胡"字的农作物,如胡麻、胡桃、胡豆、胡椒、胡瓜、胡蒜等,都是从西域传入的,这些称呼一直延续到今天。此外,如阿拉伯的乳香,索马里的芦荟、苏合香、安息香,北非的迷迭香,东非的紫植等。这些香料多采用成品方式运入中国,滋润了中国人民的生活,而且,许多香料在当时被作为药物使用。同时,玉米、占城稻、花生、向日葵、土豆、西红柿等农作物传入中原,丰富了农作物的品种,并在不同程度上影响了华夏民族的饮食结构。

第一节 创新发展

创新理念是国内创新元素不断转化为现实生产力并推动"一带一路"创新实践的动力源泉。

一、坚持理念创新

千百年来,"和平合作、开放包容、互学互鉴、互利共赢"的丝绸之路精神薪火相传,推进了人类文明进步,是东西方交流合作的象征,也是世界各国共有的历史文化遗产。在新的历史时期,推动"一带一路"建设,在秉承丝绸之路精神的基础上,要敢于进行理念创新,坚持开放合作,坚持和谐包容,坚持市场运作,兼顾各方利益和关切,寻求"一带一路"沿线国家和地区的利益契合点和合作最大公约数,以理念创新带动各方面的创新,把各方的比较优势和潜力充分发挥出来。

二、坚持制度创新

制度创新是推进机制化整合的"催化剂",只有依靠制度创新,释放制度红利,才能推动该倡议的落地生根。通过现有机制平台的整合,推动与"一带一路"沿线国家和地区在设施联通、贸易往来、国际金融、双边投资等领域的制度创新,加强彼此在检验检疫、认证认可、标准计量等方面的制度衔接。通过制度创新,推进现有双边、多边以及次区域、次国家层次的众多机制实现互联互通,从而为各方在区域合作中降低交易成本,提高经济发展效率。

三、坚持区域政策创新

在推进"一带一路"建设中要坚持区域政策创新,充分发挥国内各地区积极性和比较优势,将"一带一路"建设与国内区域开发开放有机结合起来,以沿边地区为前沿,以内陆重点经济区为腹地,以东部沿海发达地区为引领,加强东中西互动合作,全面提升开放型经济水平。加强中央对西北地区、东北地区、西南地区、沿海和港澳台地区以及内陆地区的政策指导,鼓励各地在产业政策、财税政策、金融政策、贸易政策等领域进行创新探索,发挥各地独特的区域优势和资源优势,努力实现"政策沟通、设施联通、贸易畅通、资金融通、民心相通"的新跨越。

四、坚持科技创新

近年来,我国为沿线国家培养了上万名科学技术和管理人才,并在沿线国家广泛举办各类技术培训班;与沿线国家共建了一批联合实验室或联合研究中心,科技园区合作已成为我国高技术产业发展的一张国际名片;建设了面向东盟、南亚、中亚、阿拉伯国家、中东欧等地区和国家的一系列区域和双边技术转移中心及创新合作中心,区域技术转移协作网络已初步形成。

据了解,科技部等多部委已于 2016 年 9 月联合发布了《推进"一带一路"建设科技创新合作专项规划》,科技部还专门组织研究制定了《"一带一路"科技创新合作行动计划》。《计划》提出,在与相关沿线国家已有合作基础上,中国政府将在科技人文交流、共建联合实验室、科技园区合作、技术转移等四方面启动具体行动,应对沿线国家面临的共同挑战,与沿线国家共享创新驱动发展经验,带动沿线国家不断提升创新能力,切实发挥科技创新在推进"一带一路"建设中的支撑和引领作用。

图 2-2 中国—印尼科技创新合作论坛在雅加达

"中国—印尼科技创新合作论坛"于 27 日在印尼科技研究与高等教育部举行。由印尼技术评估与应用署与中国浙江大学合作的生物技术联合实验室、印尼科学院创新中心与中国—东盟技术转移中心合作的中印尼技术转移中心、印尼国家原子能机构与中国清华大学合作的高温气冷堆联合实验室。

第二节　协调发展

协调发展是融入"一带一路"的内在要求。

坚持协调发展，必须牢牢把握中国特色社会主义事业总体布局，正确处理发展中的重大关系，重点促进城乡区域协调发展，促进经济社会协调发展，促进新型工业化、信息化、城镇化、农业现代化同步发展，在增强国家硬实力的同时注重提升国家软实力，不断增强发展整体性。

一、推动区域协调发展

从地理位置来看
西成高铁的开通一改"蜀道难"的困境，大大缩短成都、西安两地距离，重新绘就西部交通版图

从区域经济发展来看
西成高铁连通西北和西南，能有效汇聚川渝地区和西北地区的人力、信息、资源等优势，推动区域均衡协同发展

从百姓生活角度来看
西成高铁是我国快速客运通道的重要组成部分，沿线分布着众多世界级和国家级旅游景区，同时也串联起了西南、西北诸多美食，对加深川陕两地的旅游、人文交流具有深远的意义

图 2-3　交通协调发展带来的便利

"一带一路"建设的实施,将有力推动区域协调发展、优化区域发展格局。为此,中国应进一步深化改革创新,为区域经济高效、公平、可持续发展营造良好的制度环境。

着力完善区域协同发展机制。顺应区域经济发展趋势,协调四大板块、三个支撑带的关系,加快形成区域发展大协同、大合作的战略格局。以"一带一路"规划为指导,建立沿线省区的政策沟通和协调机制,明确各自功能定位,实现产业、项目、资金、人才和创新要素的优化配置,避免无序竞争。促进"一带一路"与沿海开放、西部开发、东北振兴、沿边开放、长江经济带、珠江—西江经济带等战略的衔接互补,深化新亚欧大陆桥经济合作,在条件良好的地区率先建立若干跨区域合作示范区。

推动城乡协调发展。增强发展协调性,必须在协调发展中拓宽发展空间,在加强薄弱领域中增强发展后劲。塑造要素有序流动、主体功能约束有效、基本公共服务均等、资源环境可承载的区域协调发展新格局。健全城乡发展一体化体制、机制,健全农村基础设施投入长效机制,推动城镇公共服务向农村延伸,提高社会主义新农村建设水平。

二、推动物质文明和精神文明协调发展

中国共产党从成立之日起,既是中国先进文化的积极引领者和践行者,又是中华优秀传统文化的忠实传承者和弘扬者。党的十八大以来,面对国内国际形势深刻变化,不同思想文化交流交融交锋,以习近平同志为核心的党中央高度重视文化建设,把坚持中国特色社会主义文化自信与道路自信、理论自信、制度自信并列提出。事实证明,文化自信是更基本、更深沉、更持久的力量,文化自信是更基础、更广泛、更深厚的自信。

加快文化改革发展,加强社会主义精神文明建设,建设社会主义文化强国,加强思想道德建设和社会诚信建设,增强国家意识、法治意识、社会责任意识,倡导科学精神,弘扬中华传统美德。推动经济建设和国防建设融合发展,坚持发展和安全兼顾、富国和强军统一,实施军民融合发展战略,形成全要素、多领域、高效益的军民深度融合发展格局。

第三节　绿色发展

绿色发展是融入"一带一路"的前提保障，也是理念上的"知行合一"。绿色是永续发展的必要条件和人民对美好生活追求的重要体现。绿色发展是指导中国生态文明建设的核心理念，也是中国对全球生态安全作出新贡献的庄严承诺。绿色发展理念已经成为国内发展和国际社会的广泛共识和一致选择。中国作为世界最大的发展中国家，正将绿色发展理念变成推动绿色发展的实践。

一、坚持绿色发展，形成人与自然和谐发展现代化建设新格局

首先，必须坚持节约资源和保护环境的基本国策，坚持可持续发展，坚定走生产发展、生活富裕、生态良好的文明发展道路，加快建设资源节约型、环境友好型社会，推进美丽中国建设，为全球生态安全作出新贡献。进而，促进人与自然和谐共生，构建科学合理的城市化格局、农业发展格局、生态安全格局、自然岸线格局，推动建立绿色低碳循环发展产业体系。最后，加快建设主体功能区，发挥主体功能区作为国土空间开发保护基础制度的作用。

二、推动低碳循环发展，建设生态城市模式

生态城市是破解城市资源环境与可持续发展矛盾，实现绿色、低碳、循环和可持续发展的金钥匙。建设生态城市，有利于培育"一带一路"绿色增长极，辐射带动沿线地区绿色城市化，形成"一带一路"绿色城市带，辐射驱动沿线地区绿色发展。同时，建设清洁低碳、安全高效的现代能源体系，实施近零碳排放区示范工程。全面节约和高效利用资源，树立节约集约循环利用的资源观，建立健全用能权、用水权、排污权、碳排放权初始分配制度，推动形成勤俭节约的社会风尚。

三、制定环境保护制度，提高环境质量

加大环境治理力度，以提高环境质量为核心，实行最严格的环境保护制度，深入实施大气、水、土壤污染防治行动计划，实行省以下环保机构监测监察执法垂直管理制度。筑牢生态安全屏障，坚持保护优先、自然恢复为主，实施山水林田湖生态保护和修复工程，开展大规模国土绿化行动，完善天然林保护制度，开展蓝色海

湾整治行动。

四、"一带一路"四层循环经济发展模式

在"一带一路"沿线要积极推广"四层循环经济"发展模式，即企业循环、产业循环、区域循环和社会循环。"一带一路"沿线许多区域人口密集，产业发展和技术水平相对滞后，不能重蹈发达国家"先污染，后治理"的老路，必须具备绿色思维，通过全面确立和推广四层大循环经济建设系统工程，才能实现绿色发展。

企业循环层面，要积极推广绿色设计、清洁生产、绿色营销等主要循环途径，建立循环链条、共生群落，物质、能量、信息、价值流动遵循生态经济规律，某一环节排放的废物变为另一环节的资源，污染趋零，推进企业循环体系建设，使产品生产过程生态化、绿色化。

产业循环层面，核心在于打造高科技为支撑的绿色低碳循环产业体系。要通过循环产业链接，联通一、二、三次产业，实行生产者责任延伸制度，推进生产、流通、消费各环节循环经济发展，以提高资源产出效率和生态效率，降低单位产值能耗为目标，开发应用源头减量、循环利用、再制造、零排放和产业链接技术，推广循环经济典型模式，培育绿色低碳循环产业体系。

区域循环层面，即通过物质链、能量链、价值链、市场网络、信息网络实现循环经济在城乡、海陆、中心——边缘等空间高效循环，形成城乡一体，海陆和谐，中心——边缘互促的资源在空间优化配置格局和高效利用。

社会循环层面，即通过绿色消费，建设生态社区，全面实行垃圾分类和垃圾资源化循环利用等循环社会系统工程，在包括生产者、消费者的全社会生产——生活领域建设全面循环的循环型社会，构建资源节约型、环境友好型两型社会。

第四节 开放发展

开放发展，是融入"一带一路"的重要支撑，也是国内国际间的"志同道合"。经过近40年的对外开放实践，随着国内国际形势的变化，我国的对外开放格局需要有一个质的转变和型的重塑。

一、开放发展是国内经济发展的重要平台

"一带一路"尤其是"一带"起始于西部，也主要经过西部通向西亚和欧洲，这必将使得我国对外开放格局发生重大调整，从重视出口的"量"向提升开放的"质"转变，从东部开放为主、中西部开放为辅向全方位开放格局转变，推动"一带一路"，不仅能够深化同周边国家合作，为中国经济发展和转型升级拓展更大空间；还可以把广大的西部地区从开放的末梢变成开放的前沿，形成东部与西部两翼齐飞的区域开放开发新格局。目前我国在建的自由贸易区中，大部分处于"一带一路"沿线上，尤其是新设立的第三批自贸区中，重庆、四川和陕西三个自贸区将重点在内陆开放高地、亚欧物流通道等方面开展先行先试，必将极大促进西部开放开发进程。

二、丰富开放内涵，融入国际经济圈

开创对外开放新局面，必须丰富对外开放内涵，提高对外开放水平，协同推进战略互信、经贸合作、人文交流，努力形成深度融合的互利合作格局。坚持开放发展，要顺应我国经济深度融入世界经济的趋势，奉行互利共赢的开放战略，发展更高层次的开放型经济，积极参与全球经济治理和公共产品供给，提高我国在全球经济治理中的制度性话语权，构建广泛的利益共同体。完善对外开放战略布局，推进双向开放，支持沿海地区全面参与全球经济合作和竞争，培育有全球影响力的先进制造基地和经济区，提高边境经济合作区、跨境经济合作区发展水平。

三、打造对外开放新体制，维护和发展世界经济

当前中国的开放不再是面向西方发达国家的单向开放，而是面向全世界的双向开放，不仅要引进来、留得住，还有走出去、扎下根。逐步形成对外开放新体制，完善法制化、国际化、便利化的营商环境，健全服务贸易促进体系，全面实行准入前国民待遇加负面清单管理制度，有序扩大服务业对外开放。推进"一带一路"建设，推进同有关国家和地区多领域互利共赢的务实合作，推进国际产能和装备制造合作，打造陆海内外联动、东西双向开放的全面开放新格局。

第五节　共享发展

共享是融入"一带一路"的本质要求，也是成果上的福祉普惠。

一、国际合作，共筑共享之路

目前，各国之间经济融合度和依存度以及投资贸易联系的广度和深度都是史无前例的，共享发展成为世界发展的目的和归宿，正如《推动共建丝绸之路经济带和21世纪海上丝绸之路的愿景与行动》指出，"一带一路"是一条互尊互信之路，一条合作共赢之路，一条文明互鉴之路。各国主动融入"一带一路"国家倡议，要践行共享发展理念，秉承亲诚惠容、共同发展、互惠互利的原则，深化与"一带一路"沿线国家和地区的合作，在合作中实现共享发展。

"一带一路"更是秉承"达则兼济天下"和"一花独放不是春，百花齐放春满园"的理念，准确对接沿线国家发展，回应沿线国家人民的现实诉求。正在推进的"一带一路"给沿线国家带来了实实在在、看得见摸得着的获得感，同时也将推动"一带一路"沿线国家连线成片，构建公正合理、共建共享的全球治理新秩序。

二、一切以人民共享为核心

坚持共享发展，必须坚持发展为了人民、发展依靠人民、发展成果由人民共享，作出更有效的制度安排，使全体人民在共建共享发展中有更多获得感，增强发展动力，增进人民团结，朝着共同富裕方向稳步前进。按照人人参与、人人尽力、人

图 2-4　一切以人民共享为核心

人享有的要求，坚守底线、突出重点、完善制度、引导预期，注重机会公平，保障基本民生，实现全体人民共同迈入全面小康社会。

共享发展充分体现了中国共产党的性质和宗旨，发展为了人民、发展依靠人民、发展成果由人民共享是党执政为民理念的崭新表述，是党和政府执政为民、服务于民的政策基点和时代命题。

【德能文化融入】

"一带一路"上舞起麦西来甫

2016 年 7 月，北京科技大学第十八届研究生支教团，是第十批到新疆昌吉职业技术学院进行支教工作，至此，这些青春洋溢的年轻人开启了一段青春筑梦的支教之旅。朱珠是本科毕业的大学生，也加入了其中。

图 2-5　即将开启支教旅程的年轻人

"用一年不长的时间，做一件终生难忘的事。中国青年志愿者研究生支教团由共青团中央、教育部共同组织实施，一批批志愿者辛勤奉献，接力传承，搭建起了高校参与西部发展的桥梁。3000 公里的打磨，325 个日夜的守望，160 余次课堂培训的历练……让我心中支援西部的炽热都凝结在这片播种希望的沃土，一年浇灌，一程砥砺，终于在新疆，在昌吉职业技术学院开花结果。"这是朱珠的亲身感受。

"初来乍到，没有正式站上过三尺讲台，但多重角色的锻炼让我尽快完成了由本科毕业生到支教老师的转变。走进教室，我是机电工程分院的任课教师，为学生们解惑答疑，顺利完成教学任务。走出教室，我是第二课堂社团技能培训讲师，教学生们摄影摄像，学习新媒体，组织建立学生社团。还记得第一次面对 56 双陌生的眼睛，第一次在黑板上板书讲义纲要，第一次听到学生口中的'老师好'……太多第一次的叠加，让我不断积累心中的义务与责任，反省能否为学院的教育事业贡献力量。由教育教学到学生活动，接触的学生思想层面不同，教育教学的方式也不同。在融合适应的过程中，我发现了校园文化缺少学生群体发声的问题，可以自觉发挥所长进行改善，于是我提出了建立学生社团校园电视台，校园电视台是学生发声的有效载体，是学生锻炼才干、提高技能的平台，也是学院精神文明建设的示范窗口。"从这里我们看到了朱珠的青涩蜕变。

"社团成立之初，一切都需要从'零'计议，提议上会，建台策划，招募学生……看着学生们的报名表中对'高科技'期待向往的朴实字眼，我感到心中希望的萌芽已经破土而出。两个月的时间，我和播音老师轮班培训，为学生们矫正播音，教学影视技能，指导学生的技术错误，改正学生的一篇篇稿件……和学生不断地接触打磨，我能体会到他们无时无刻想走出去的灵魂，于是我不禁反问自己，我们支教研究生喊着'支援西部'口号来新疆走一遭，能给他们带来的只是些'内地趣闻'，抑或是什么'书本知识'？为此我深感忧虑，开始探索'支教不能白来要留下些什么'的途径方法。"

"思前想后，我发现了学生们思想相对封闭，眼界相对狭隘的根源——没有'走出去'的条件，也难以发掘'引进来'的途径。小到个人，大到集体，只有不断'走出去、引进来'才能不断获取新鲜血液，教育发展也是如此。对于西部教育，优质教育资源不足，难以保障人才培养是问题的本源。"

图 2-6 初上讲台的朱珠

"新疆，祖国的西北边陲，山河大好。古有丝绸之路联通欧亚，今有'一带一路'大业宏图。有了'一带一路'搭建的钢骨脊梁，还需要一抔抔泥土扎实积累，便能助力西部教育事业添砖加瓦。"

而每一个志愿者就是一抔泥土，我们的存在不是陈旧以被掩埋，而是聚集无数泥土，成就一座山峰，一条山脉，这样可以改变风的走向，可以决定水的流速，孕育着无限生机与力量。"这些反复的反思、考量，彰显了一个大学生的思想成长。"一带一路"让年轻人迅速成长。

"一带一路"伟大构想中，新疆核心区身份当仁不让，这是新疆的机遇，也是我们——来自北京科技大学的支教研究生最期待的命题。在"一带一路"构想下想要赢得先机，势必要源源不断输送人才，才能支撑这项伟大的事业生生不息。以志愿、支教、接力的模式，引进外来人才资源，搭建优质教育资源枢纽，有助于解决优质高等教育资源"东高西低"的问题。来自五湖四海的支教成员们风华正茂，见识广博，这正是拓宽西部教育层面的催化剂。构建创新教育发展生态体系，充分发挥"外来人员"优质资源的作用，汇集平衡，构建优质教育资源系统矩阵。

来到这所高职院校，我不难感觉到"走出去，引进来"是职业教育有待发展的方面，实施"一带一路"建设，整合优质资源走出去，选择优质资源引进来，协同推进，才能解决西部优质教育资源匮乏问题。

同时，"一带一路"的建设，优质资源的引进不仅局限于支教团、志愿者们，整合内部资源，改进创新人才培养模式也是贯穿西部教育发展的关键。十年树木百年树人，贯彻"一带一路"建设，逐步实现西部地区教育资源均衡化发展，提高高素质人才在西部地区就业的比例，才能为"一带一路"建设实施提供人才支撑和智力支持。

树形辐射培技能　优质资源永流传

追根溯源，我明确了支教是一种优质教育资源传递的模式。结合本地教学环境，我开展树形辐射式教育教学，并在社团培训、课堂教学双向实践，为学院培养了一批较高素质的学生，让优质教育资源的传递"后继有人"。我发挥自身优势，将资源传输扩散，先在小集体内培养出"高质量"学生，再将其融合至大集体，以少数优质人才辐射多数，如同树木生长，主干输送营养，侧枝辐射，吐芽生叶，直至最终枝繁叶茂。

经过树形辐射式教学培训，学生骨干们不仅学习了技能，提高了素质，还能以他们自身的能量去不断辐射到更大的团体，带动更多的伙伴，分组编写脚本，自主录制节目，看着学生的摄影作品展览，听着反复练习字正腔圆的播音，我心中不禁升起一丝慰藉，一份自豪。

一段时间的磨合培训，第二课堂取得了初步成果，于是我将树形辐射式教育教学应用于课堂教学，成立学习互帮小组，让素质高、学习能力强的学生带动整体水平，不断辐射，由点至面，最终达到优质教育资源均衡覆盖的效果。

支教一年，学生、课堂、社团于我而言留下的是心力，是付出，是日积月累的收获，亦是深层的思索探寻。眼看着自己"引进来"的"新模式"由最初的策划尝试，一步步渗透至学院教学工作，到最终被学院领导采纳认可，开展项目招标筹建。我想这不仅为这所学院"引进了"技术设备、教育资源，也留下了不断传递扩大的优质资源和人才群体，并在一定程度上提供了师生在精神层面"走出去"的基础支持，于我本身而言也圆了当时"支教不白来"的初衷。

当然，教学工作之余，我也享受着大美新疆的风土，感悟了质朴地道的情谊，也曾踏着晚霞听着风中流淌的哈萨克歌曲，也在热情的维族同学带领下共舞麦西来甫，青春不是年华，而是心境，不是丹唇柔膝，而是深沉的意志，炽热的感情，青春是生命在涌流。

支教一年，新疆一路，我有最朴素的生活，也有最遥远的梦想，是天山白雪，是落日孤烟，是美景良辰舞起的麦西来甫，是辽源肥马品过的美酒月光，也是一带连亘的记忆，一段难寻的美好，一迹探寻的脚步，一程无悔的青春……这一切的一切汇聚成如诗的句子，延伸作镌刻在生命中的年轮。

我从北京赶来

胸膛里怀揣着隐秘的向往

你在西域边陲 丝路之乡

那么神秘而又遥远

两千多公里才能看到海洋

蒸腾着麦香的馕

烘烤着你千年的沧桑

雪山大漠连亘

三千年延绵是谓胡杨

舞起麦西来甫 撒播星点希望

带着骨血里的古尔邦情谊

点亮志愿的辉光

崇德尚能 求实鼎新

传承奉献 共谱华章

一带新疆 一路康庄

这些年轻人，用稚嫩的肩膀，点燃了孩子们心中的希望。这是年轻人响应国家号召的实际行动，也是一次难得的锻炼机会，不仅对教学业务要求高，对个人素质有较高要求，能够帮助年轻人快速成长，切身地了解社会、国家，深刻体悟教育的真谛。

（来源 中青在线 2017.05.05）

第三章 "一带一路"建设的
具体内容和实施

· 前言 ·

　　春生夏长，秋收冬藏。千年丝路，重焕荣光。2013 年 9 月和 10 月，中国国家主席习近平在出访中亚和东南亚国家期间，先后提出共建"丝绸之路经济带"和"21 世纪海上丝绸之路"（以下简称"一带一路"）的伟大构想，强调相关各国要打造互利共赢的"利益共同体"和共同发展繁荣的"命运共同体"，习近平主席的构想得到国际社会的高度关注。4 年来，"一带一路"从理念构想到人心聚合，从顶层设计到项目落实，从无到有、由点及面，一步一个脚印，取得了巨大成功。"一带一路"建设纵贯古今、统筹陆海、兼济天下，蕴含着包容互鉴的东方智慧，见证了知行合一的中国担当。

· 本章知识要点 ·

- 政策沟通
- 设施联通
- 贸易畅通
- 资金融通
- 民心相通
- 推进"一带一路"的具体政策措施

【情景导入】

路的呼唤

　　"朋友之间，坦诚相见，有福同享，有难同担。历经了岁月，春秋冷暖，感情在伸延，像丝绸一般。有一条路在呼唤，带着心穿越万水千山，千丝万缕，紧紧相连，就注定了你我相见的今天……"

《路的呼唤》这首歌中唱的这条"路"，就是从古丝绸之路绵延千年到而今的"丝绸之路经济带"和"21世纪海上丝绸之路"，也就是"一带一路"。

2013年9月7日国家主席习近平在哈萨克斯坦扎尔巴耶夫大学发表题为《弘扬人民友谊 共创美好未来》的重要演讲，首次提出了加强政策沟通、道路联通、贸易畅通、货币流通、民心相通，共同建设"丝绸之路经济带"的倡议。2013年10月国家主席习近平在出访东盟国家期间又提出了"21世纪海上丝绸之路"。这"一带一路"连接的一头是活跃的东亚经济圈，一头是发达的欧洲经济圈，中间广大腹地国家经济发展潜力巨大，被认为是"世界上最长、最具发展潜力的经济大走廊"。

第一节 政策沟通

"一带一路"沿线各国政治特点不同、发展方式各异、文化传统不一，如何实现联动发展，首先在于政策沟通，在政策和法律上为区域经济融合"开绿灯"。作为"一带一路"建设的"五通"之首，政策沟通是开展各方面务实合作的基础，也是共建"一带一路"的重要保障。对"一带一路"这部沿线各国的大合唱来说，政策沟通唱出了国际社会的共鸣。

一、政策沟通的基本含义

图2-7 "一带一路"国际合作高峰论坛

政策沟通的基本含义是：在深化利益融合、促进政治互信、达成合作新共识的前提下，本着求同存异的原则，沿线各国政府加强政府间合作，积极构建多层次政府间宏观政策沟通交流机制，就经济发展战略和对策进行充分交流对接，共同制定推进区域合作的规划和措施，协商解决合作中的问题，从而形成趋向一致的战略、决策、政策和原则，结成更为巩固的命运共同体。

二、政策沟通的机制

目前，"一带一路"沿线国家间已建立了多种政策沟通机制，如亚欧首脑会议、新亚欧大陆桥国际协调机制、上海合作组织的政府首脑定期会晤机制与部门领导人会谈机制、亚太经合组织的领导人非正式会议、部长级会议、高官会、中国—东盟（10+1）领导人会议等等。但现有的政策沟通机制还主要集中在高层互动、高层沟通上，缺乏相应的地方联动机制，并且各政策沟通机制存在着相对独立、相互排斥等缺陷。

"一带一路"建设应以中心沿线城市为支撑，合理利用现有的高层政策沟通机制，建立更多区域间、城市间的沟通机制，力求形成"多层次政府间宏观政策沟通交流机制"。政策沟通的目标在于协商解决合作中的问题，在政策、法律层面，为国家间合作"开绿灯"，助力"一带一路"建设。

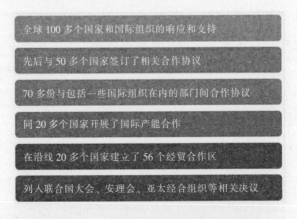

全球 100 多个国家和国际组织的响应和支持

先后与 50 多个国家签订了相关合作协议

70 多份与包括一些国际组织在内的部门间合作协议

同 20 多个国家开展了国际产能合作

在沿线 20 多个国家建立了 56 个经贸合作区

列入联合国大会、安理会、亚太经合组织等相关决议

图 2-8 "一带一路"政策沟通成效显著

三、政策沟通的重点

国家发展改革委主任何立峰在主旨发言中指出，政策沟通是开展各方面合作的基础，也是共建"一带一路"的重要保障。4 年来，在各方共同努力下，共建"一带一路"取得了一系列实实在在的合作成果。实践证明，做好双边和多边政策沟通，重点要加强四个方面的对接工作。

第一个层面是发展战略对接，从宏观上寻求合作最大公约数，找准共同的行动方向。

第二个层面是发展规划对接，将发展战略确定的愿景细化到具体的时间表和路线图，分布实现合作目标。

第三个层面是机制与平台对接，促进各国执行机构有效衔接，建立顺畅的交流、沟通、磋商渠道和机制，及时解决规划实施及项目执行中面临的问题和困难。

第四个层面是具体项目对接，通过基础设施、经贸、投资、金融、人文等各领域项目合作，实现共同发展。

第二节 设施联通

基础设施互联互通是我国"一带一路"建设的基础性优先领域。基础设施在"一带一路"建设发展中扮演着先导性作用，不仅互联互通本身对"一带一路"的相关国家有着重要的经济贡献，而且也为政策沟通、贸易畅通、资金融通、民心相通提供着强有力的基础性支撑，共同联通世界、融会贯通。

"设施联通是'一带一路'倡议的基础和前提，没有设施联通，其他方面的联通就没有载体。"在谈到设施联通在"一带一路"建设全局中的意义时，复旦大学"一带一路"研究中心主任张家栋如是说。设施联通建设包括交通基础设施互联互通、能源基础设施互联互通、信息基础设施互联互通等三大领域。

一、交通基础设施互联互通

交通基础设施互联互通是基础设施建设的基础。交通基础设施建设，可以总结为"由未通到打通、由打通到畅通"。交通基础设施互通，就必须先解决"不连、不通"的问题，应"抓住交通基础设施的关键通道、关键节点和重点工程，优先打通缺失路段"，畅通瓶颈路段，配套完善道路安全防护设施和交通管理设施设备，提升道路通达水平，积极组建以航空和水运为先导、公路为基础、铁路为动脉，集公、铁、水、航多种运输方式和枢纽港站、现代通信网络为一体的国际立体运输大通道，完成"由未通到打通"的目标，实现国际运输便利化。

"道路通，百业兴。"4年来，设施联通成为"一带一路"建设的亮点。中国与"一带一路"沿线国家签署了130多个涉及铁路、公路、水运、民航、邮政领域的双边和区域运输协定；制定了中国—东盟、大湄公河次区域、中亚区域等交通发展战略规划；通过 73 个公路和水路口岸开通了 356 条国际道路及陆海联运客货运输线路；建成了 11 条跨境铁路；"中欧班列"线路已通达 11 个欧洲国家的 29 个城市，我国与"一带一路"沿线国家的海、陆、空立体交通运输网络正在形成。

二、能源基础设施互联互通

能源基础设施互联互通是基础设施建设的战略要点。加强能源基础设施互联互通对"一带一路"沿线国家协同发展意义重大。电力是最重要的能源之一，国家电网公司在七个国家和地区运营着重要的能源资产，成功投资运营菲律宾、巴西、意大利、希腊等七个国家和地区的骨干能源网，累计投资 156 亿美元，管理境外资产 577 亿美元。

中国华能集团公司副总经理孙智勇说："能源是社会发展和经济增长的基础，'一带一路'沿线国家孕育着巨大的能源需求增长潜力。到 2030 年，世界未来能源和电力增长将主要集中在'一带一路'沿线地区。这些地区一次能源需求和电力需求的增长量将分别占全球增量的 63% 和 47%。能源资源合作将成为基础设施互联互通重要载体。"

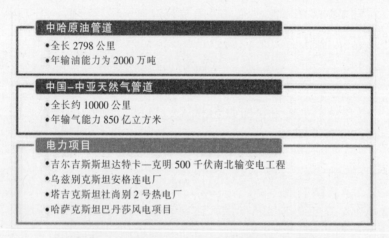

图 2-9 "一带一路"中国与中亚能源合作成果显著

三、信息基础设施互联互通

信息丝绸之路是基础设施互联互通的技术支撑，更是交运与能源合作信息化、现代化的重要支撑。不管是物流信息化还是智能电网的实现都离不开信息化支持，而信息丝绸之路将为物流信息化与能源设施合作提供坚实的技术支持。另外，信息丝绸之路还大大拓宽了"一带一路"沿线各国政治、经济、文化交流的渠道，为政策沟通、贸易畅通与民心相通插上信息化的翅膀，助力"五通"实现。在此基础上，"一带一路"倡议沿线各国"共同推进跨境光缆等通信干线网络建设，提高国际通信互联互通水平，畅通信息丝绸之路。加快推进双边跨境光缆等建设，规划建设洲际海底光缆项目，完善空中（卫星）信息通道，扩大信息交流与合作"。

中国—东盟信息港基地于 2015 年 9 月在南宁揭牌。2016 年 4 月，中国国务院批准《中国—东盟信息港建设方案》。目前，广西大力推进北斗导航、大数据、电子商务、互联网金融、智慧城市等新一代信息技术重点产业。中国—东盟信息港由中国和东盟共同建设，以深化网络互联、信息互通、合作互利为基本内容，形成以广西为支点的中国和东盟信息枢纽，推动互联网经贸服务、人文交流和技术合作，全方位服务海上丝绸之路"五通"建设。

作为构建中国—东盟命运共同体的标志性工程，中国—东盟信息港项目建设加快推进，信息通信枢纽已初具雏形。据介绍，亚非欧 1 号、亚欧 5 号、亚太直达 3 条国际通信海缆已建成；中国—东盟云计算中心和广西政务云计算中心也已建成，目前正在规划马来西亚和新加坡云计算中心。

第三节　贸易畅通

物与物相通，人与人相交。千百年来斗转星移，古丝绸之路上往来的脚印渐渐被风沙掩埋，但和平合作、开放包容、互学互鉴、互利共赢的丝路精神却绵延至今。"志合者，不以山海为远。"在"一带一路"倡议的推进下，不同区域、不同发展阶段的国家，再次被联结起来。

一、贸易畅通取得明显成效

贸易一直被看作是经济增长的重要引擎。贸易畅通是共建"一带一路"的重点内容。倡议提出以来，我们在推动贸易畅通、深化经贸合作方面取得了明显成效，主要体现在以下五个方面。

在贸易方面，我们积极扩大市场开放，提高贸易便利化水平。发挥好中国—东盟博览会、中国—南亚博览会、中国—亚欧博览会、中国—阿拉伯博览会等展会的平台作用，促进企业互动交流，共享"一带一路"商机。2014~2016 年，中国与沿线国家贸易总额约 20 万亿元人民币，增速高于全球平均水平。

在投资合作方面，我们不断强化服务保障，鼓励企业到沿线国家投资兴业。

2014 年~2016 年，中国企业对沿线国家对外直接投资超过 500 亿美元；在沿线国家新签对外承包工程合同额达 3049 亿美元。同时，进一步放宽外资准入领域，营造高标准的国际营商环境，吸引沿线国家来华投资。

图 2-10　2016 年我国"一带一路"投资整体情况

在重大项目建设方面，中老铁路、巴基斯坦喀喇昆仑公路二期、卡拉奇高速公路已经开工，中俄、中哈、中缅等油气管道项目的建设或运营都在有序推进。

在境外经贸合作区建设方面，我国企业先后在 20 个沿线国家建设了 56 个境外经贸合作区，目前累计投资超过 185 亿美元，为东道国创造了超过 11 亿美元的税收和 18 万个就业岗位。中国—白俄罗斯工业园已成为丝绸之路经济带上的一颗明珠，埃及苏伊士经贸合作区、泰中罗勇工业园、柬埔寨西哈努克港经济特区等园区建设进展顺利。

在自由贸易区建设方面，我们已经与东盟、新加坡、巴基斯坦等沿线国家和地区签署了自贸协定，与东盟的自贸区升级议定书于去年 7 月开始实施，与格鲁吉亚的自贸协定也即将签署。目前，正积极推动区域全面经济伙伴关系协定（RCEP）谈判，以及与以色列、马尔代夫、斯里兰卡、海合会等的自贸区谈判。

现在，中国制造、中国建设、中国服务受到越来越多沿线国家的欢迎，沿线国家更多的产品、服务、技术、资本正源源不断地进入中国。可以说，这些经贸合作成果看得见、摸得着，为"一带一路"沿线国家经济发展注入了新的活力，带动了当地经济发展。

二、贸易畅通存在的问题

4 年来，我国与"一带一路"沿线国家在贸易畅通方面取得了明显成效，但还存在一些短板和瓶颈，需要着力突破。

一是贸易畅通整体水平仍然较低，"通而不畅"现象依然普遍。"'一带一路'战略的实施，在过去建立的双边和多边合作机制的基础上，得到了周边国家的积极响应和支持，从这个意义上来说，'一带一路'是正确的、是通的，但在实际操作的层面上，通而不畅仍然是最主要的问题。"政协委员焦家良表示。

二是区域发展不平衡，制约区域经济一体化。从地理分布来看，顺畅型国家主要集中在东南亚等周边国家，国家之间、次区域之间表现出较大的差异，制约了大区域一体化水平的提升。

三是非关税壁垒比较严重，影响贸易规模扩大。非关税贸易壁垒，指一国政府采取除关税以外的各种办法，对本国的对外贸易活动进行调节、管理和控制的一切政策与手段的总和，其目的是试图在一定程度上限制进口，以保护国内市场和国内产业的发展。非关税壁垒形式多样，且更为隐蔽，"一带一路"沿线国家存在非关税贸易壁垒，影响了贸易规模的扩大。

四是区域合作机制水平较低，制约经贸合作深入。虽然我国与63个沿线国家中的52个国家都签署了双边投资协定，但这些协定层次比较低，偏重于对利用外资的保护，而对对外投资的保护程度不够，制约了双向直接投资的发展。

五是贸易劣势明显，在国际分工中的地位亟待提升。沿线多数国家的贸易条件不佳，产业竞争力不强，在国际分工中处于劣势地位，这也制约了我国与沿线国家经贸合作水平的提升。

三、促进贸易畅通采取的措施

贸易畅通是"一带一路"建设的重要内容。为推进"一带一路"贸易畅通，需要采取一些措施。

一是积极推动贸易便利化，维护多边贸易体制，消除投资和贸易壁垒，构建区域内和各国良好的营商环境，积极同沿线国家和地区共同商建自由贸易区，做大做好合作"蛋糕"。

二是避免双重征税，在"一带一路"沿线国家中，我国已与54个国家签署了避免国际双重征税的税收协定。

三是积极落实自由贸易区战略，推进对外关税谈判，扩大对"一带一路"沿线国家市场开放，对相关自贸区伙伴和最不发达国家降低关税，促进贸易畅通。

四是拓展相互投资领域，开展农林牧渔业、农机及农产品生产加工等领域深度合作，积极推进海水养殖、远洋渔业、水产品加工、海水淡化、海洋生物制药、海洋工程技术、环保产业和海上旅游等领域合作。

五是推动新兴产业合作，按照优势互补、互利共赢的原则，促进沿线国家加强在新一代信息技术、生物、新能源、新材料等新兴产业领域的深入合作，推动建立创业投资合作机制。

第四节　资金融通

资金融通是"一带一路"建设的重要支撑。资金融通不仅有利于沿线国家基础设施的互联互通，还在实现投资贸易便利化、消除投资和贸易壁垒，积极与"一带一路"相关国家和地区共同商建自贸区等方面发挥着重要的支撑作用。

一、多元的资金融通体系

资金融通是"一带一路"建设的重要支撑。近年来，财政部配合有关部门逐步扩大对外援助支持力度，安排实施了一批公路、铁路、光缆、电力等基础设施项目，有力促进了受援国的经济和民生事业发展。同时，支持国家开发银行、中国进出口银行和中国出口信用保险公司等金融机构投向"一带一路"建设。2014年11月4日，中共中央总书记、国家主席、中央军委主席、中央财经领导小组组长习近平主持召开中央财经领导小组第八次会议，发起建立亚洲基础设施投资银行（简称亚投行）和设立丝路基金。

（一）亚洲基础设施投资银行

2014年10月24日，包括中国、印度、新加坡等在内21个首批意向创始成员国的财长和授权代表在北京签约，共同决定成立亚洲基础设施投资银行。2015年4月15日，亚投行意向创始成员国确定为57个。2015年6月29日，《亚洲基础设施投资银行协定》签署仪式在北京举行，亚投行57个意向创始成员国财长或授权代表出席了签署仪式。2015年12月25日，亚洲基础设施投资银行正式成立，全球迎来首个由中国倡议设立的多边金融机构。2016年1月16日至18日，亚投行开业仪

图2-11　亚洲基础设施投资银行

式暨理事会和董事会成立大会在北京举行。

亚洲基础设施投资银行重点支持基础设施建设，成立宗旨是为了促进亚洲区域的建设互联互通化和经济一体化的进程，并且加强中国及其他亚洲国家和地区的合作。

亚投行成员已经从创始时期的 57 个增加至现在的 84 个（截至 2017 年底）。据了解，亚投行已经为"一带一路"建设参与国的 9 个项目提供 17 亿美元贷款。

（二）丝路基金

2014 年 12 月 29 日，丝路基金有限责任公司在北京注册成立并正式开始运行，金琦出任公司董事长。

丝路基金是由中国外汇储备、中国投资有限责任公司、中国进出口银行、国家开发银行共同出资，依照《中华人民共和国公司法》，按照市场化、国际化、专业化原则设立的中长期开发投资基金，重点是在"一带一路"发展进程中寻找投资机会并提供相应的投融资服务。

2015 年 12 月 14 日丝路基金称，已与哈萨克斯坦出口投资签署框架协议，并出资 20 亿美元，建立中国—哈萨克斯坦产能合作专项基金，这是丝路基金成立以来设立的首个专项基金。2017 年 5 月 14 日，习近平宣布中国将向丝路基金新增资金 1000 亿元人民币。

图 2-12　丝路基金

丝路基金与亚投行不同之处在于，亚投行是政府间的亚洲区域多边开发机构，在其框架下，各成员国都要出资，且以贷款业务为主。而丝路基金，由于其类似 PE（私募基金）的属性，主要针对有资金且想投资的主体加入，且股权投资可能占更大比重。

二、政策建议

高效顺畅的资金融通是"一带一路"建设的重要支撑。为了使资金融通更好地服务"一带一路"建设，专家们提出了以下建议。

一要积极营造良好的投融资环境。在形成区域基础设施规划及融资安排的基础上，进一步在法律、税收、投资等方面加强政策协调，发挥好政府政策的引导和支持作用。

二要推进"一带一路"建设金融创新。进一步完善开发性政策性金融机构和私募基金等多双边合作基金的融资功能，开展国际金融合作，在实践中创新金融服务"一带一路"建设的长效机制。

三要加强境外安全风险管理。做好对"走出去"企业的指导和协调，提高企业的风险防范意识，强化风险管理机制，防止非理性对外投资、恶性竞争和腐败行为，促进对外经贸合作健康有序发展。

四要加快信用体系建设。鼓励沿线国家信用管理部门、信用服务机构和评级机构之间的跨境交流与合作，实现资源共享、优势互补，以市场化的方式增进信用信息的互通和信用产品的互认。

第五节　民心相通

"一带一路"为相关国家民众加强交流、增进理解搭起了新的桥梁，为不同文化和文明加强对话、交流互鉴织就了新的纽带。从历史上看，古丝绸之路不仅是一条通商合作之路，更是一条和平友谊之路、文明互鉴之路。在新的历史条件下，深化各国的人文交流，可以让各国民众有更多共同语言，增进相互信任，加深彼此感情，夯实"一带一路"建设的社会根基和民意基础。实际上，在"一带一路"这"五通"当中，最终落脚点和出发点都是民心相通。

"民心相通是建设'一带一路'很重要的民意基础，会给'一带一路'建设带来持久动力，促进沿线国家的经济繁荣和人民福祉，让丝路精神薪火相传。"国家发改委经济研究所所长史育龙说。

"一带一路"的互联互通不仅体现在通路、通气、通水、通油，更体现在"通心"，是一项春风化雨的"通心工程"。

从《推动共建丝绸之路经济带和21世纪海上丝绸之路的愿景与行动》文件的表述中可以看出，"一带一路"的民心相通可大致归纳为教育、文化、旅游、卫生、科技、就业等几个方面。现在着重从旅游活动、科教交流、民间交流三个方面来看民心相通。

一、旅游活动

2016 年，首届世界旅游发展大会上，107 个国家旅游部门通过"北京宣言"提出："各国政府通过'一带一路'倡议等举措，加强互联互通，提升旅游便利化，推进区域并支持区域旅游合作。"

2017 年，"一带一路"旅游部长会议宣布《程度倡议》，提出加强"一带一路"旅游合作，深化共识、扩大交流，积极对接旅游发展战略，提升各国各地区旅游业发展水平，更好地造福于人民。

二、科教交流

科教交流包含教育、文化、科技等几个方面的内容。据教育部近日消息，我国已先后与 46 个国家和地区签订了学历学位互认协议，其中与"一带一路"沿线国家学历互认已达 24 个。我国大力实施"丝绸之路"留学推进计划、"丝绸之路"合作办学推进计划、"丝绸之路"师资培训推进计划、"丝绸之路"人才联合培养推进计划，为民心相通培育使者。我国将设立"丝绸之路"中国政府奖学金，未来 5 年，建成 10 个海外科教基地，每年资助 1 万名沿线国家新生来华学习或研修；未来 3 年，中国每年向沿线国家公派留学生 2500 人。自 2012 年以来，我国共有 35 万多人赴"一带一路"沿线国家留学。

图 2-13 2015 中国—东盟博览会文化展

语言是沟通的主要工具，是民心相通的重要载体。文化上相互认知和理解，需要通过语言来实现。在 2016 年，国家就公派了 42 个非通用语种的 1036 人出国学习培训；同时，接受了 17 万人来华学习汉语。孔子学院建设也为沿线民众了解中国起到了独特作用。孔子学院是中国国家对外汉语教学领导小组办公室在世界各地设立的推广汉语和传播中国文化与国学的交流机构，能够有效推动中外文化的交流与融合。目前，在"一带一路"沿线国家中已建立 100 多所孔子学院和 100 多个中小学孔子课堂。中国在"一带一路"沿线国家开办孔子学院的数量，一定程度上体现了对象国对中国文化的认可程度。通过把中国的热门电视剧译成"一带一路"沿线国家语言，如邀请坦桑尼亚演员为中国电视剧角色配音等，促进了沿线国家对中国时尚文化的了解，有利于中国同"一带一路"沿线各国人民实现民心相通。

图 2-14　巴基斯坦伊斯兰堡孔子学院

三、民间交流

国之交在于民相亲，民心相通最重要的一点就是要落到实处。民间交流能够增进中国与邻国的相互了解和传统友谊，为开展区域合作奠定坚实的民意基础和社会基础。我国精美的手工艺技术、书画艺术、歌舞艺术受到世界各民族人民的喜爱。而那些附着在日常生活用品上的文化符号，更是以润物细无声的方式增加着各国和各民族人民之间的好感。

中国与沿线国家民间交流形式多样，互办文化年、艺术节、影视桥、电视周、丝路书香工程、丝绸之路（敦煌）国际文化博览会、丝绸之路电影节和图书展等，无论哪种形式都可以促进中国与沿线国家相互了解，进而达到民心相通。

图 2-15　中哈儿童文化艺术活动

2017 年 8 月 13 日，来自中国新疆的 200 余名儿童、艺术导师等齐聚霍尔国斯国门，准备前往哈萨克斯坦，参加"一带一路"和"光明之路"中哈儿童文化艺术节活动，与哈萨克斯坦的伙伴们进行文化交流。

第六节 推进"一带一路"建设的具体政策措施

"一带一路"倡议提出以来，已经有 100 多个国家和国际组织参与其中，我国同 30 多个沿线国家签署了共建"一带一路"合作协议，同 20 多个国家开展国际产能合作。"一带一路"建设从无到有、由点及面，进度和成果超出预期。为了更进一步推进"一带一路"建设，国家主席习近平提出 8 项具体政策措施。

一是要切实推进思想统一，坚持各国共商、共建、共享，遵循平等、追求互利，牢牢把握重点方向，聚焦重点地区、重点国家、重点项目，抓住发展这个最大公约数，不仅造福中国人民，更造福沿线各国人民。中国欢迎各方搭乘中国发展的快车、便车，欢迎世界各国和国际组织参与到合作中来。

二是要切实推进规划落实，周密组织，精准发力，进一步研究出台推进"一带一路"建设的具体政策措施，运用创新方式，完善配套服务，重点支持基础设施互联互通、能源资源开发利用、经贸产业合作区建设、产业核心技术研发支撑等战略性优先项目。

三是要切实推进统筹协调，坚持陆海统筹，坚持内外统筹，加强政企统筹，鼓励国内企业到沿线国家投资经营，也欢迎沿线国家企业到我国投资兴业，加强"一带一路"建设同京津冀协同发展、长江经济带发展等国家战略的对接，同西部开发、东北振兴、中部崛起、东部率先发展、沿边开发开放的结合，带动形成全方位开放、东中西部联动发展的局面。

四是要切实推进关键项目落地，以基础设施互联互通、产能合作、经贸产业合作区为抓手，实施好一批示范性项目，多搞一点早期收获，让有关国家不断有实实在在的获得感。

五是要切实推进金融创新，创新国际化的融资模式，深化金融领域合作，打造多层次金融平台，建立服务"一带一路"建设长期、稳定、可持续、风险可控的金融保障体系。

六是要切实推进民心相通，弘扬丝路精神，推进文明交流互鉴，重视人文合作。

七是要切实推进舆论宣传，积极宣传"一带一路"建设的实实在在成果，加强"一带一路"建设学术研究、理论支撑、话语体系建设。

八是要切实推进安全保障，完善安全风险评估、监测预警、应急处置，建立健全工作机制，细化工作方案，确保有关部署和举措落实到每个部门、每个项目执行单位和企业。

【德能文化融入】

中机青年："一带一路"上放飞青春梦想

10月18日，孟加拉国当地时间中午，中国通用技术集团所属中国机械进出口（集团）有限公司（简称"中机公司"）孟加拉国古拉绍项目部会议室内，凝神观看党的十九大开幕会的中机公司孟加拉国团支部青年职工们，听到习近平总书记所做的十九大报告中有关"一带一路"的阐述时，不禁鼓起掌来，习近平总书记铿锵有力的话，点燃了远在孟加拉国"一带一路"一线青年建设者们的青春热血。

图 2-16　中机公司孟加拉团员青年集体观看十九大开幕会

早在20世纪90年代，中机公司就在孟加拉国开启"走出去"大幕。近年来，中机公司积极响应国家"一带一路"倡议，通过升级商业模式、拓宽业务领域、拓展融资渠道，在孟加拉国、马来西亚、巴西等国市场取得了不俗的业绩，这其中凝结着中机公司青年人的执着坚守与艰辛开拓。

孟加拉煤矿启封大战中过"蜜月"

孟加拉国是我国"一带一路"沿线的重要国别市场。上个世纪90年代，中机公司承建了孟加拉国巴拉普库利亚煤矿项目，这是中国以交钥匙方式在海外承包的第一座煤矿工程，也是孟加拉国的第一座现代化煤矿。十多年过去了，煤矿从建设到投产到运营维护，一代代中机青年在这里磨砺成长。王靖焘，就是孟煤项目淬炼出的海外青年标兵。

2005年，从天津大学工程管理专业毕业没几天的王靖焘，来到了海外工程，没想到，这一干就是十几年。2008年，孟煤项目因自燃发火被迫封闭的1110工作面打响了第三次启封战役，为准备启封会战，他将婚期一拖再拖，在紧张的启封大战中度过了难忘的"蜜月"。经过项目团队的全力拼搏，1110工作面第三次启封会战圆满成功，抢救出的设备价值超过2000万美元，获得了技术和商务的双丰收。孟加拉国政府、项目业主及当地媒体称赞中国人创造了孟加拉国煤炭工业史上的奇迹。

王靖焘先后荣获中央企业第二届"五四青年奖章"、第二届全国"最美青工"和全国"青年岗位能手"称号。十九大为海外青年在"一带一路"上建功立业注入强大的精神动能，王靖焘说："我们虽身在海外，但时时心系祖国，我们会将十九大精神全面贯彻到国际工程项目一线，撸起袖子，苦干加实干！"

海外奋斗的青春最美丽

能否在一国实现多项目的长期滚动开发，是检验企业"一带一路"建设渗透力的重要标志。希拉甘杰燃机电站项目是中机公司作为独立EPC承包商在海外承揽的第一个电站项目，累计金额逾5亿美元。不俗的业绩背后，是"一带一路"青年军们洒下的青春汗水。

王嘉昌是中科院热能工程专业的高材生，来到孟加拉国的他经受了严峻考验。这里全年有9个月日间平均气温达到35℃以上，项目现场的体感温度更是动辄达到50℃以上。一年四季，风灾、雨灾、雷暴等极端天气频发。

王嘉昌没有骄娇二气，他顶着烈日在现场组织土建安装，在厂房的巨大机器轰鸣声中向业主、咨询介绍项目情况；他钻进号称"电蒸锅"的空气擦洗池等设备中检查施工进度。整机启动成功后，王嘉昌在项目现场独挑大梁，这个工作狂在高负荷、大强度的工作压力下病倒了，发烧、上吐下泻，但他依然坚持在桑拿房般的会议室内开会，几近虚脱。近几年他先后荣获了公司突出业绩奖、青年英才奖。

王嘉昌在孟加拉国一干就是五六年。今年已经三十多岁的他，每当被问起"女朋友在哪儿"的话题，总是憨厚地一笑："你看我这哪有时间呐！"

王嘉昌认真地把党的十九大报告读了又读，感到习近平总书记为海外青年指明了青春航向。"总书记的话特别贴心、特别提气，常年在孟加拉国工地上，觉得自己远离潮流甚至有点土，但听到总书记讲'不要人夸颜色好，只留清气满乾坤'，我自豪在海外奋斗的青春是美丽的。"

（来源　中国青年报　中青在线）

第四章 "一带一路"沿线
国家概貌

为家国 "路一带一"

·前言·

　　中国古代，丝绸之路在世界版图上延伸，诉说着沿途各国人民友好往来、互利互惠的动人故事。如今，一个新的合作倡议在世界范围中从容铺展——共建"丝绸之路经济带"和"21世纪海上丝绸之路"。这一宏伟的合作倡议，让古丝绸之路焕发新的生机活力，以新的形式使亚欧非各国联系更加紧密，互利合作迈向新的历史高度。现在，就让我们共同沿着"丝绸之路"去旅行，去看看那些美丽的国家，领略当地的自然风光，体验当地的风土人情……

·本章知识要点·

● "一带一路"沿线国家（地区）的地理位置
● "一带一路"沿线国家（地区）特色

【情景导入】

"一带一路"版图有多大

　　"一带一路"（the Belt and Road，英文缩写用"B&R"）是"丝绸之路经济带"和"21世纪海上丝绸之路"的简称。

　　一带，指的是"丝绸之路经济带"，在陆地，从中国出发，有三个走向。一是经中亚、俄罗斯到达欧洲；二是经中亚、西亚至波斯湾、地中海；三是中国到东南亚、南亚、印度洋。一路，指的是"21世纪海上丝绸之路"，主要在海上，重点方向是两条，一是从中国沿海港口过南海到印度洋，延伸至欧洲；二是从中国沿海港口过南海到南太平洋。

丝路新图：

北线 A：北美洲（美国，加拿大）——北太平洋——日本，韩国——东海（日本海）——海参崴（扎鲁比诺港，斯拉夫扬卡等）——珲春——延吉——吉林——长春——蒙古国——俄罗斯——欧洲（北欧，中欧，东欧，西欧，南欧）

北线 B：北京——俄罗斯——德国——北欧

中线：北京——郑州——西安——乌鲁木齐——阿富汗——哈萨克斯坦——匈牙利——巴黎

南线：泉州——福州——广州——海口——北海——河内——吉隆坡——雅加达——科伦坡——加尔各答——内罗毕——雅典——威尼斯

中心线：连云港——郑州——西安——兰州——新疆——中亚——欧洲

图 2-17 "一带一路"版图

第一节 "一带一路"沿线国家
（地区）的地理位置

"一带一路"贯穿亚欧非大陆，涉及 65 个国家和地区，一头是活跃的东亚经济圈，一头是发达的欧洲经济圈，中间广大腹地国家经济发展潜力巨大。

表 2-1 "一带一路"沿线包括的 65 个国家

序号	区域	国家
1	东亚	蒙古国
2	东盟 10 国	新加坡、马来西亚、印度尼西亚、缅甸、泰国、老挝、柬埔寨、越南、文莱、菲律宾
3	西亚 18 国	伊朗、伊拉克、土耳其、叙利亚、约旦、黎巴嫩、以色列、巴勒斯坦、沙特阿拉伯、也门、阿曼、阿联酋、卡塔尔、科威特、巴林、希腊、塞浦路斯、埃及的西奈半岛
4	南亚 8 国	印度、巴基斯坦、孟加拉、阿富汗、斯里兰卡、马尔代夫、尼泊尔、不丹
5	中亚 5 国	哈萨克斯坦、乌兹别克斯坦、土库曼斯坦、塔吉克斯坦、吉尔吉斯斯坦
6	独联体 7 国	俄罗斯、乌克兰、白俄罗斯、格鲁吉亚、阿塞拜疆、亚美尼亚、摩尔多瓦
7	中东欧 16 国	波兰、立陶宛、爱沙尼亚、拉脱维亚、捷克、斯洛伐克、匈牙利、斯洛文尼亚、克罗地亚、波黑、黑山、塞尔维亚、阿尔巴尼亚、罗马尼亚、保加利亚、马其顿

一、东亚蒙古国、东盟 10 国

蒙古：地处亚洲中部的蒙古高原上，是一个内陆国家，东、南、西与中国接壤，北与俄罗斯的西伯利亚为邻，面积 156.65 万平方公里，是世界上面积第二大内陆国家。

新加坡：位于东南亚，是马来半岛最南端的一个热带城市岛国。土地面积为 718.3 平方公里，北隔柔佛海峡与马来西亚为邻，有长堤与马来西亚的新山相通，南隔新加坡海峡与印度尼西亚相望。

马来西亚：位于太平洋和印度洋之间，全境被南中国海分成东西两部分。西马的北部与泰国接壤，西面为马六甲海峡，东临南中国海，南部与新加坡毗邻；东马来西亚为沙劳越和沙巴，全国面积 330257 平方公里。

印度尼西亚：是东南亚国家，由约 17508 个岛屿组成，是多火山多地震的国家，疆域横跨亚洲及大洋洲，与巴布亚新几内亚、东帝汶和马来西亚等国家相接。

缅甸：也是东南亚国家，西南临安达曼海，西北与印度和孟加拉国为邻，东北靠中国，东南接泰国与老挝。

泰国：是一个位于东南亚的君主立宪制国家。泰国位于中南半岛中部，其西部与北部和缅甸、安达曼海接壤，东北边是老挝，东南是柬埔寨，南边狭长的半岛与马来西亚相连。

老挝：位于中南半岛北部的内陆国家，北邻中国，南接柬埔寨、东接越南，西北达缅甸，西南毗连泰国，国土面积为 23.68 万平方公里。

柬埔寨：位于中南半岛，西部及西北部与泰国接壤，东北部与老挝交界，东部及东南部与越南毗邻，南部则面向暹罗湾。柬埔寨领土为碟状盆地，三面被丘陵与山脉环绕，中部为广阔而富庶的平原，占全国面积四分之三以上。境内有湄公河和东南亚最大的淡水湖——洞里萨湖。

越南：位于东南亚中南半岛东部，北与中国广西、云南接壤，西与老挝、柬埔寨交界，国土狭长，面积约 33 万平方公里，紧邻南海，海岸线长 3260 多公里。

文莱：位于亚洲东南部，加里曼丹岛西北部，北濒中国南海，东南西三面与马来西亚的沙捞越州接壤，并被沙捞越州的林梦分隔为不相连的东西两部分。海岸线长约 162 公里，有 33 个岛屿，总面积为 5765 平方公里。

图 2-18　文莱水晶公园

菲律宾：位于亚洲东南部，北隔巴士海峡与中国台湾省遥遥相对，南和西南隔苏拉威西海、巴拉巴克海峡与印度尼西亚、马来西亚相望，西濒南中国海，东临太平洋。总面积为 29.97 万平方公里，共有大小岛屿 7000 多个，海岸线长约 18533 公里。

二、西亚 18 国

伊朗：位于亚洲西部，属中东国家。伊朗中北部紧靠里海、南靠波斯湾和阿拉伯海。伊朗东邻巴基斯坦和阿富汗斯坦，东北部与土库曼斯坦接壤，西北与阿塞拜疆和亚美尼亚为邻，西界土耳其和伊拉克。国土面积约 164.82 万平方公里。

伊拉克：位于亚洲西南部，阿拉伯半岛东北部，国土面积约 43.7 万平方公里（包括 924 平方公里水域和伊拉克、沙特中立区伊拉克部分 3522 平方公里）。北接土耳其，东邻伊朗，西毗叙利亚、约旦，南连沙特阿拉伯、科威特，东南濒波斯湾。

土耳其：横跨欧亚两洲，包括西亚的安纳托利亚半岛和南欧、巴尔干半岛的东色雷斯地区。北临黑海，南临地中海，东南与叙利亚、伊拉克接壤，西临爱琴海并与希腊以及保加利亚接壤，东部与格鲁吉亚、亚美尼亚、阿塞拜疆和伊朗接壤。在安纳托利亚半岛和东色雷斯地区之间的是博斯普鲁斯海峡、马尔马拉海和达达尼尔海峡，属黑海海峡，别称土耳其海峡是连接黑海以及地中海的唯一航道。海岸线长7200公里，陆地边境线长2648公里。

图 2-19 土耳其地理位置

叙利亚：位于亚洲西部，地中海东岸，北与土耳其接壤，东同伊拉克交界，南与约旦毗连，西南与黎巴嫩和巴勒斯坦为邻，西与塞浦路斯隔地中海相望，包括戈兰高地，全国总面积为18.518万平方公里。

约旦：位于亚洲西部，阿拉伯半岛的西北，西与巴勒斯坦、以色列为邻，北与叙利亚接壤，东北与伊拉克交界，东南和南部与沙特阿拉伯相连。约旦基本上是个内陆国家，亚喀巴湾是唯一出海口。约旦国土面积89342平方公里，其中陆地面积88802平方公里，海洋面积540平方公里。

黎巴嫩：位于西亚南部地中海东岸。东部和北部与叙利亚交界，南部与巴勒斯坦（以色列）为邻，西濒地中海。国土面积10452平方公里，海岸线长220公里。

以色列：位于亚洲西部，是亚、非、欧三大洲结合处，北靠黎巴嫩、东濒叙利亚和约旦、西南边则是埃及。以色列西边有着与地中海相连的海岸线、在南边则有埃拉特的海湾（又被称为亚喀巴湾）。全国总面积为2.5万平方公里。

巴勒斯坦：由二部分组成，其中加沙地区位于以色列的西南部，埃及的东北部，加沙地区有40公里长的海岸线，加沙地区面积365平方公里，还有一部分是约旦河西岸地区，位于以色列的中东部，约旦国的西部，面积5800平方公里。

沙特阿拉伯：亚洲西南部的阿拉伯半岛，东濒波斯湾，西临红海，同约旦、伊拉克、科威特、阿拉伯联合酋长国、阿曼、也门等国接壤，海岸线长 2437 公里。

也门：位于阿拉伯半岛西南端，北部与沙特接壤，南濒阿拉伯海、亚丁湾，东邻阿曼，西隔曼德海峡与非洲大陆的埃塞俄比亚、索马里、吉布提等相望。有约 2000 公里的海岸线，位于西南的曼德海峡是国际重要通航海峡之一，沟通印度洋和地中海，是欧亚非三大洲的海上交通要道；位于阿拉伯海亚丁湾的亚丁是历史上有名的港口之一。

图 2-20 世界遗产——希巴姆老城

阿曼：位于阿拉伯半岛东南部，地处波斯湾通往印度洋的要道，西北界阿联酋，西连沙特阿拉伯，西南邻也门共和国。东北与东南濒临阿曼湾和阿拉伯海。海岸线长 1700 公里。面积 30.95 万平方公里。

阿联酋：位于阿拉伯半岛东部，北濒波斯湾，西北与卡塔尔为邻，西和南与沙特阿拉伯交界，东和东北与阿曼毗连海岸线长 734 公里，总面积 83600 平方公里。

卡塔尔：位于波斯湾西南岸的卡塔尔半岛上，与阿联酋和沙特阿拉伯接壤。海岸线长 550 公里。

科威特：全国面积 17818 平方公里（包括阿拉伯半岛的东北角及其附近的布比延、费莱凯等岛屿）。位于亚洲西部阿拉伯半岛东北部，波斯湾西北岸，西、北与伊拉克为邻，南部与沙特阿拉伯交界，东濒波斯湾，同伊朗隔海相望。水域面积 5625 平方公里。

巴林：位于波斯湾西南部的岛国。界于卡塔尔和沙特阿拉伯之间，距沙特阿拉伯东海岸 24 公里，卡塔尔西海岸 28 公里，国土面积 750 平方公里。

希腊：位于巴尔干半岛南端，北部与保加利亚、马其顿、阿尔巴尼亚接壤，东北与土耳其的欧洲部分接壤，西南濒爱奥尼亚海，东临爱琴海，南隔地中海与非洲大陆相望。全国总面积为 131957 平方公里，海岸线长约 15021 公里，领海宽度为 6

海里。

塞浦路斯：位于地中海东北部，扼亚、非、欧三洲海上交通要冲，面积 9251 平方公里，为地中海第三大岛。

埃及的西奈半岛：是连接非洲及亚洲的三角形半岛，面积 61000 平方公里。西滨苏伊士湾和苏伊士运河，东接亚喀巴湾和内盖夫沙漠，北临地中海，南濒红海。东西最宽约 210 公里、南北最长约 385 公里。

三、南亚 8 国

印度：是南亚地区最大的国家，面积为 298 万平方公里，居世界第 7 位。东北部同中国、尼泊尔、不丹接壤，孟加拉国夹在东北部国土之间，东部与缅甸为邻，东南部与斯里兰卡隔海相望，西北部与巴基斯坦交界。东临孟加拉湾，西濒阿拉伯海，海岸线长 5560 公里。

图 2-21　印度——四大文明古国之一

巴基斯坦：全国领土为 880254 平方公里（包括巴控克什米尔地区）。位于南亚次大陆西北部，南濒阿拉伯海，东、北、西三面分别与印度、中国、阿富汗和伊朗为邻。海岸线长 840 公里。

孟加拉：国土总面积约为 14.75 万平方公里，海岸线长 550 公里。东、西、北三面与印度毗邻，东南与缅甸接壤，南濒临孟加拉湾。

阿富汗：位于西亚、南亚和中亚交汇处，北接土库曼斯坦、乌兹别克斯坦和塔吉克斯坦，东北突出的狭长地带与中国接壤，东和东南与巴基斯坦毗邻，西与伊朗交界。总面积为 65.23 万平方公里。

斯里兰卡：是印度洋上的岛国，在南亚次大陆南端，西北隔保克海峡与印度半岛相望。南北长 432 公里，东西宽 224 公里，国土面积为 65610 平方公里。

马尔代夫：位于南亚，是印度洋上的一个岛国。东北与斯里兰卡相距 675 公里，北部与印度的米尼科伊岛相距约 113 公里，面积 9 万平方公里（含领海面积）。

被誉为"上帝抛洒人间的项链"、"印度洋上人间最后的乐园"。南部的赤道海峡和一度半海峡为海上交通要道。

尼泊尔：南亚山区内陆国家，是世界三大宗教之一佛教的发源地，位于喜马拉雅山脉南麓，北与中国西藏相接，东、西、南三面被印度包围，国境线长2400公里。尼泊尔是一个近长方形的国家，从东到西长度为885公里，从南到北在145~241公里之间。

不丹：位于亚洲南部，是喜马拉雅山东段南坡的内陆国家，西北部、北部与中国西藏接壤，西部、南部和东部分别与印度锡金邦、西孟加拉邦、中国山南交界，总面积38394平方公里。

图2-22　不丹旧都——普那卡

四、中亚5国

哈萨克斯坦：领土横跨亚欧两洲，东南连接中国新疆，北邻俄罗斯，南与乌兹别克斯坦、土库曼斯坦和吉尔吉斯斯坦接壤。面积为272.49万平方公里，通过里海可以到达阿塞拜疆和伊朗，通过伏尔加河、顿河运河可以到达亚速海和黑海。

乌兹别克斯坦：是中亚中部的内陆国家，西北濒临咸海，与哈萨克斯坦、吉尔吉斯斯坦、塔吉克斯坦、土克曼斯坦和阿富汗斯坦毗邻。乌兹别克斯坦是著名的"丝绸之路"古国，历史上与中国通过"丝绸之路"有着悠久的联系。

土库曼斯坦：位于伊朗以北，东南面和阿富汗接壤、东北面与乌兹别克斯坦为邻、西北面是哈萨克斯坦，西邻里海，是一个内陆国家。面积为49.12万平方公里。

塔吉克斯坦：是位于中亚东南部的内陆国家，国土面积为14.31万平方公里。西部和北部分别同乌兹别克斯坦、吉尔吉斯斯坦接壤，东邻中国新疆，南界阿富汗。

吉尔吉斯斯坦：位于欧亚大陆的腹心地带，是连接欧亚大陆和中东的要冲，面积为 19.99 万平方公里，是位于中亚东北部的内陆国。东南和东面与中国相接。北与哈萨克斯坦相连，西界乌兹别克斯坦，南同塔吉克斯坦接壤。

五、独联体 7 国

俄罗斯：位于欧亚大陆北部，地跨欧亚两大洲，国土面积为 1707.54 万平方公里。北邻北冰洋，东濒太平洋，西接大西洋，西北临波罗的海、芬兰湾。

乌克兰：国土面积为 60.37 万平方公里，东西长 1300 公里，南北长 900 公里，位于欧洲东部，黑海、亚速海北岸。北邻白俄罗斯，东北接俄罗斯，西连波兰、斯洛伐克、匈牙利，南同罗马尼亚、摩尔多瓦毗邻。作为世界上重要的市场之一，是世界上第三大粮食出口国，有着"欧洲粮仓"的美誉。

白俄罗斯：位于东欧平原的内陆国家，东北部与俄罗斯联邦为邻，南与乌克兰接壤，西同波兰相连，西北部与立陶宛和拉脱维亚毗邻。国土总面积 20.76 万平方公里。

图 2-23 白俄罗斯建筑

格鲁吉亚：位于亚洲西南部高加索地区的黑海沿岸，北邻俄罗斯，南部与土耳其、亚美尼亚、阿塞拜疆接壤。面积 6.97 万平方公里（包括南奥塞梯及阿布哈兹）。

阿塞拜疆：位于亚洲西部外高加索的东南部，东临里海，南邻伊朗，北靠俄罗斯，东部与哈萨克斯坦、土克曼斯坦隔海相望，西接格鲁吉亚和亚美尼亚。面积 8.66 万平方公里。

亚美尼亚：位于亚洲与欧洲交界处的外高加索南部的内陆国。西接土耳其，南接伊朗交界，北临格鲁吉亚，东临阿塞拜疆。面积为 2.98 万平方公里。

摩尔多瓦：东、北部与乌克兰接壤，西隔普鲁特河与罗马尼亚毗邻，南部不远遥望黑海。全国面积为 3.38 万平方公里。

六、中东欧 16 国

波兰：中欧国家，东与乌克兰及白俄罗斯相连，东北与立陶宛及俄罗斯接壤，西与德国接壤，南与捷克和斯洛伐克为邻，北面濒临波罗的海。南北长 649 公里，东西相距 689 公里。

立陶宛：国土面积为 6.53 万平方公里，位于欧洲中东部，北与拉脱维亚接壤，东、南与白俄罗斯毗邻，西南与俄罗斯加里宁了格勒州和波兰相邻，西濒波罗的海。国境线总长为 1644 公里，海岸线长 90 公里。

爱沙尼亚：是东欧波罗的海三国之一，面积 45227 平方公里，东与俄罗斯接壤，西向波罗的海，南与拉脱维亚相邻，北邻芬兰湾，与芬兰隔海相望，西南濒里加湾，边界线长 1445 公里，海岸线长 3794 公里。

拉脱维亚：位于东欧平原西部，临波罗的海东岸，里加湾深入内陆；同爱沙尼亚、俄罗斯、白俄罗斯和立陶宛接壤。面积为 64589 平方公里，其中，陆地面积 62046 平方公里，内水面积 2543 平方公里。

捷克：是一个中欧地区的内陆国家，南面接壤奥地利，北面邻接波兰，西面与德国相邻，面积 78866 平方公里，由波希米亚、摩拉维亚和西里西亚 3 个部分组成。

斯洛伐克：是中欧的一个内陆国家，西北临捷克，北临波兰，东临乌克兰，南临匈牙利，西南临奥地利，西连捷克。面积为 49037 平方公里。

匈牙利：位于欧洲中部的内陆国家，东邻罗马尼亚，南接塞尔维亚，西与奥地利接壤，北与捷克、斯洛伐克、乌克兰为邻。边境线长 2246 公里，国土面积为 93030 平方公里。

图 2-24　匈牙利链子桥

斯洛文尼亚：位于阿尔卑斯山脉南麓，西邻意大利，西南濒临亚得里亚海，东部和南部被克罗地亚包围，东北邻匈牙利，北邻奥地利。国土面积 20273 平方公里。

克罗地亚：位于欧洲东南部，处于地中海及巴尔干半岛潘诺尼亚平原的交界处，北邻斯洛文尼亚和匈牙利，东面和南面则是塞尔维亚与波黑。总面积 56594 平方公里。

波黑：面积 5.12 万平方公里。介于克罗地亚和塞尔维亚两共和国之间，萨瓦河（多瑙河支流）为波黑北部与克罗地亚的边界。

黑山：位于欧洲南部巴尔干半岛的中北部，亚得里亚海东岸上的一个多山小国。面积 1.38 万平方公里。海岸线总长度：293 公里（海滩长度 73 公里）。

塞尔维亚：位于欧洲巴尔干半岛中部，面积为 88361 平方公里。与黑山、波斯尼亚和黑塞哥维那、克罗地亚、匈牙利、罗马尼亚、保加利亚、马其顿及阿尔巴尼亚接壤。

阿尔巴尼亚：位于东南欧巴尔干半岛西岸，北接塞尔维亚与黑山，东北与马其顿相连，东南邻希腊，西濒亚得里亚海和伊奥尼亚海，隔奥特朗托海峡与意大利相望。总面积为 28748 平方公里。

罗马尼亚：位于东南欧巴尔干半岛东北部。北和东北分别与乌克兰和摩尔多瓦为邻，南接保加利亚，西南和西北分别与塞尔维亚和匈牙利接壤，东南临黑海。面积 238391 平方公里。

保加利亚：位于欧洲巴尔干半岛东南部。北面与罗马尼亚接壤（多瑙河当边界），东南面毗邻土耳其和西南面希腊，西北面邻接塞尔维亚和西南面毗邻马其顿，东濒黑海。面积 110994 平方公里，海岸线长 378 公里。

马其顿：位于南欧地区，地处巴尔干半岛中部，是个多山的内陆国家。东邻保加利亚，南界希腊，西接阿尔巴尼亚，北傍塞尔维亚。国土面积 25713 平方公里。

第二节 "一带一路"沿线部分
国家（地区）特色

一、东亚蒙古国——美丽的草原之国

蒙古国，蒙语原意为"永恒之火"或"永不熄灭的火"。在这里，一望无际的绿色草原和珍珠般的洁白蒙古包，传统与现代观念的交织、东方与西方文化的交融，构成了蒙古国独特的自然和人文景观。

蒙古国地质结构复杂，山脉多系火山岩构成，土层较厚，基岩裸露，土壤种类以栗钙土和盐碱土为主，北部有冻土层，从北至南大体为高山草地、原始森林草原、草原和戈壁荒漠等6大植被带。蒙古国大部分地区属大陆性温带草原气候，季节变化明显，冬季长，常有大风雪；夏季短，昼夜温差大；春、秋两季短促。每年有一半以上时间为大陆高气压笼罩，是世界上最强大的蒙古高气压中心，为亚洲季风气候区冬季"寒潮"的源地之一。

蒙古国的蓝天、白云、绿草、清水，壮美的原生态风光，还有纯朴的民风和独特的游牧文化，给予所有来客极大的心灵震撼。

图 2-25 大草原上牛羊成群

成吉思汗景区、蒙古国家历史博物馆、额尔德尼昭……极具蒙古特色，展示独特的草原文化。

图 2-26 成吉思汗景区

蒙古国服饰称为蒙古袍，由长袍、腰带、靴子、首饰等组成。春秋穿夹袍，夏季着单袍，冬季着棉袍或皮袍。男装多为蓝、棕色，女装喜欢用红、粉、绿、天蓝色。其饮食文化受俄罗斯的影响，进餐厅前需在门前脱去外套以示礼貌，吃饭中不得大声喧哗，男士需为女士拉椅子先行入席，菜品多西化。

图 2-27 大草原上美食飘香

蒙古国地大物博，矿产资源丰富，156 万平方公里辽阔的国土下面，蕴藏着巨大的矿产和能源资源，已发现 53 个矿种，主要有铜、铅、锌、金、银、铁、煤、萤石、磷等。蒙古国已探明储量铜 2 亿吨，煤 1520 亿吨，黄金 3400 吨。是最具发展潜力的国家之一。

二、东盟国家

（一）柬埔寨——湄公河畔的古老国度

柬埔寨全名柬埔寨王国，通称柬埔寨，旧称高棉。柬埔寨是个历史悠久的文明古国，早在公元 1 世纪建立了统一的王国。20 世纪 70 年代开始，柬埔寨经历了长期的战争。1993 年，随着国家权力机构相继成立和民族和解的实现，柬埔寨进入和平与发展的新时期。

柬埔寨是东南亚国家联盟成员国,经济以农业为主,工业基础薄弱,是世界上最不发达国家之一。柬埔寨矿藏主要有金、磷酸盐、宝石和石油,还有少量铁、煤。林业、渔业、果木资源丰富。盛产贵重的柚木、铁木、紫檀、黑檀、白卯等热带林木,并有多种竹类。森林覆盖率61.4%,主要分布在东、北和西部山区,木材储量约11亿多立方米。洞里萨湖是东南亚最大的天然淡水渔场,素有"鱼湖"之称。西南沿海也是重要渔场,多产鱼虾。但由于生态环境失衡和过度捕捞,水产资源正在减少。

图 2-28　柬埔寨风光

柬埔寨以佛教为国教,95%以上的居民信奉佛教。由于地处热带,柬埔寨人的服装很单薄。他们的民族便服是,男子穿直领多扣上衣,天气热时则不穿上衣,只穿"纱笼"或"山朴"。"纱笼"是由数尺印有各种美丽图案的布两边缝合,围系腰间,状似裙子;"山朴"是用长条布,不加缝合,从腰中往下缠绕至小腿,再从胯下穿过,在背后紧束于腰部,剩余部分伸出如鱼尾。妇女的便服上衣多为丝质圆领对襟短袖衫,下身也穿"纱笼"或"山朴",通常她们在腰间还要缠一条图案优美的长布巾。

图 2-29　柬埔寨文化（舞蹈）

柬埔寨人认为左手是不洁的，用左手拿东西或食物是不懂礼貌的表现。他们还认为头是人的神圣部位，因此别人不能触摸他们的头部，也不能随意抚摸小孩的头。在柬埔寨的一些舞蹈中，常用手势来表达特定的意思，如五指并拢伸直表示"胜利"；五指攥成拳头表示"不满"和"愤怒"；四指并拢，拇指弯向掌心，表示"惊奇"、"忧伤"。

　　（二）新加坡——美丽的花园城市国家

　　新加坡共和国，简称新加坡，又被称为狮城，是一个美丽的花园城市国家。自1965年独立以来，政局稳定，社会和谐，司法公正严明，政府廉洁高效，经济建设取得了举世瞩目的成就。

新加坡国名的由来

　　新加坡是一个城市国家，原意为狮城。公元14世纪，苏门答腊的"室利佛逝王国"王子乘船前往小岛环游，看见岸边有一头异兽，当地人告知为狮子，他认为这是一个吉兆，于是决定建设这个地方。新加坡"Singapura"是梵语"狮城"之谐音，早期的居民喜欢用梵语作为地名。而狮子具有勇猛、雄健的特征，故以此作为地名是很自然的事。过去，新加坡一直使用"新嘉坡"作为其独立初期的通用中文国名。由于受到当地华侨所带来的方言习惯影响，早期也出现许多衍生的名称，例如"息辣"、"石叻"、"叻埠"等，还有因其小而将之称为"星洲"、"星岛"的。而外界也普遍以"星国"或"狮城"来描述新加坡。

图 2-30　新加坡

　　新加坡提倡宗教与族群之间的互相容忍和包容精神，实行宗教自由政策，确认新加坡为多宗教国。

　　新加坡是一个美食天堂，多元的文化和丰富的历史使新加坡拥有了足以骄傲的美食。来自中国、印度、马来西亚等诸多国家的饮食文化在这个亚洲美食的大熔炉里火热碰撞、各显所长。

图 2-31　新加坡名气最大的庙宇——天福宫

三、西亚国家

（一）埃及——尼罗河畔的古国

埃及是阿拉伯埃及共和国的简称，其地跨亚非两大洲，既是亚、非之间的陆地交通要冲，也是大西洋与印度洋之间海上航线的捷径，战略位置十分重要。

埃及南部属热带沙漠气候，夏季气温较高，昼夜温差较大。尼罗河三角洲和北部沿海地区，属亚热带地中海气候，气候相对温和，其余大部地区属热带沙漠气候。白尼罗河发源于南半球的热带草原气候区，青尼罗河发源于北半球的热带草原气候区，两河汛期不同。

图 2-32　狮身人面像与金字塔

埃及矿产资源丰富，主要有石油、天然气、磷酸盐、铁等。已探明的储量为：石油 44.5 亿桶，天然气 2.186 万亿立方米，磷酸盐约 70 亿吨，铁矿 6000 万吨。

埃及文化是具有非洲特点的阿拉伯文化，特别是亚历山大城，其次是开罗。其间夹杂着黎凡特文化的特点，即法国、希腊、土耳其和叙利亚文化的混合体。

埃及历史悠久，名胜古迹众多。主要旅游景点有金字塔、卢克索神庙、阿斯旺高坝、沙姆沙伊赫等。

图 2-33 卢克索

（二）希腊——爱琴海上的明珠

希腊大陆部分三面临海，河流短急，海岸多曲折港湾。希腊南部地区及各岛屿属于地中海气候，全年气温变化不大；北部和内陆属于大陆性气候，冬温湿，夏干热。

希腊的主要矿产有褐煤、铝矾土、镍、铬、镁、石棉、铜、铀、金、石油、大理石等。希腊太阳能和风能资源丰富，近年来新能源发展十分迅速。

图 2-34 希腊风光

古希腊是西方文明的发源地，拥有悠久的历史，创造过灿烂的古代文化，并对欧、亚、非三大洲的历史发展有过重大影响。古代希腊人在广泛吸收西亚和埃及等地文化成就的基础上，根据生产、社会和政治的需要，在包括数学、天文、医学、建筑、雕刻、戏剧、诗歌、哲学、历史、演说术等众多领域作出了富有创造性的巨大贡献。在不同时期和不同文化领域希腊诸邦都为丰富希腊的文化宝库作出了努力。

希腊文化宝库

希腊神话或传说大多来源于古希腊文学，包括如《荷马史诗》中的《伊利亚特》和《奥德赛》，赫西奥德的《工作与时日》和《神谱》，奥维德的《变形记》等经典作品，以及埃斯库罗斯、索福克勒斯和欧里庇得斯的戏剧。神话谈到诸神与世界的起源、诸神争夺最高地位及最后由宙斯胜利的斗争、诸神的爱情与争吵、神的冒险与力量对凡世的影响，包括与暴风或季节等自然现象和崇拜地点与仪式的关系。希腊神话和传说中最有名的故事有特洛伊战争、奥德修斯的游历、伊阿宋寻找金羊毛、海格力斯（即赫拉克勒斯）的功绩、忒修斯的冒险和俄狄浦斯的悲剧。

图 2-35　奥林匹亚

希腊城邦的繁荣催生出希腊璀璨的古代文化，使古希腊文化在世界文化艺术殿堂中熠熠生辉。无论是在音乐、数学、哲学、文学，还是在建筑、雕刻等方面，希腊人都曾取得巨大成就。不朽的荷马史诗，众多的文化伟人，诸如喜剧作家阿里斯托芬，悲剧作家埃斯库罗斯、索福克勒斯、欧里庇得斯，哲学家苏格拉底、柏拉图，数学家毕达哥拉斯、欧几里德，雕塑家菲迪亚斯等。希腊还是奥林匹克运动会的发源地。

四、南亚国家

（一）尼泊尔——珠穆朗玛峰脚下的国度

尼泊尔的气候基本上只有两季，每年的十月至次年的三月是干季（冬季），雨量极少，早晚温差较大。尼泊尔南北地理变化巨大，地区气候差异明显。分北部高山、中部温带和南部亚热带三个气候区。全国在同一时间里，当南部平原上酷热异常的时候，首都加德满都和博卡拉谷地里则是百花吐艳，春意盎然，而北部山区却是雪花飞舞的寒冬。

尼泊尔地势高峻，素有"山国"之称，境内山地占全国面积的 3/4 以上，海拔 900 米以上的土地约占全国总面积 1/2。地势北高南低，北部横贯着喜马拉雅山脉，中部为岭谷交错的山地，南部是起伏不大的一条狭长平原。

图 2-36 尼泊尔风光

尼泊尔为农业国，80%的人口从事农业生产，是世界上最不发达国家之一。旅游业是尼泊尔的支柱产业。尼泊尔地处喜马拉雅山南麓，徒步旅游和登山业发达，产值约占国民生产总值的 29%。赴尼泊尔旅游的主要为亚洲游客，其中以印度、中国游客居多，其次为西欧和北美游客。尼泊尔的旅游景点主要有：加德满都谷地、奇特万国家公园、萨加玛塔国家公园等。

图 2-37 加德满都

(二) 马尔代夫——印度洋上的群岛国家

马尔代夫是一个群岛国家，由 26 组自然环礁（包括珊瑚岛、珊瑚礁及其周围浅水海域）、1192 个珊瑚岛组成，其中约 200 个岛屿有人居住，其余为无人岛。马尔代夫具有丰富的旅游资源，"一岛一酒店"的特色备受全球游客青睐。马尔代夫拥有丰富的海洋资源，有各种热带鱼类及海龟、玳瑁和珊瑚、贝壳之类的海产品。

117

"一带一路"简明教程

马尔代夫位于赤道附近，具有明显的热带雨林气候特征，大部分地区属热带季风气候，南部为热带雨林气候，终年炎热、潮湿、多雨，无四季之分。没有飓风、龙卷风，偶尔有暴风。马尔代夫拥有丰富的海洋资源，有各种热带鱼类及海龟、玳瑁和珊瑚、贝壳之类的海产品。

旅游业、船运业和渔业是马尔代夫经济的三大支柱。马尔代夫以伊斯兰教为国教，居民岛上不食猪肉，不饮酒，妇女出行必须穿遮体长裙，男士不能穿短裤。外国游客在度假酒店内不用遵守此规定，但到了马累等当地居民岛，就必须入乡随俗了。马尔代夫融合来自于古代世界各地的海上移民所带来的丰富、多元的文化；当地传统音乐与舞蹈则深受东非文化影响，如击鼓与乐曲等；另受南亚文化影响，当地的饮食文化尤其凸显；由于宗教习惯，马尔代夫人不吃猪肉，不饮酒。传统上当地居民以鱼、椰子和木薯为主食，但随着经济发展，大米、面粉等进口食品已成为主食。

图 2-38　马尔代夫太阳岛

太阳岛是马尔代夫最大的休闲度假村，是马尔代夫最大的休闲度假村；玛娜法鲁岛拥有着马尔代夫的传统，同时与朴素、高雅亚洲风情配合得天衣无缝……多个小珊瑚岛组成了这个奇妙的没有城市概念的岛国，踏上马尔代夫的那一刻起，似乎真的走进了天堂的后花园，一切都是美的那么自然，美得无法用语言形容。

五、中亚吉尔吉斯斯坦——风景如画的国度

吉尔吉斯共和国，简称吉尔吉斯斯坦。位于欧亚大陆的腹心地带，风景如画，全国山地占国土总面积90%。终年可见雪山，素有"中亚瑞士"之称。

吉尔吉斯斯坦境内河流湖泊众多，水资源极其丰富。其中的伊塞克湖为世界第二大高山湖，现为中亚旅游胜地，常年吸引来自哈萨克斯坦、俄罗斯等国大批游客。

吉尔吉斯斯坦是伊斯兰教居主要地位的多宗教国家。该国有伊斯兰教、东正教、基督新教、犹太教和佛教等教派。吉尔吉斯人多信奉伊斯兰教，属逊尼教派。

图 2-39 雪山环绕吉尔吉斯斯坦

每年 3 月下旬春分那天都要庆祝"春分"这个节日。春分前一天，家家都做节日饭菜——用小麦麦粒加牛奶和少量肉煮成稀粥。节日那天，人们身着盛装，互相视贺。用烟熏毡房的顶盖和牲口；喝节日粥；生篝火，男人和孩子们跳过篝火。他们认为，火具有净化与保健作用。同时，举行赛马及其他娱乐活动。

吉尔吉斯人重视衣帽。他们认为，随便抛掷帽子，拿错帽子或者走路不戴帽子都是很不礼貌的。

六、独联体国家：俄罗斯——国土最辽阔的国家

俄罗斯联邦，简称俄罗斯，地形以平原和高原为主。地势南高北低，西低东高。大部分地区处于北温带，气候多样，以温带大陆性气候为主，但北极圈以北属于寒带气候。冬天的俄罗斯，宛如冰雪之城，如梦似幻。

图 2-40 俄罗斯套娃

俄罗斯联邦是一个多民族国家，有 193 个民族。悠久的历史孕育了绚烂多姿的民族文化。俄罗斯民间艺术华丽精巧，最有名的工艺品要数俄罗斯套娃，另外还有金属、兽骨和石头的艺术加工，以及木雕、木雕壁画、刺绣、带花纹的纺织品、花边编织等。

俄罗斯饮食丰富多彩，"俄式大餐"在世界上很有名气，到俄罗斯来一定要品尝俄餐。珍贵的鱼子酱，正宗的罗宋汤，还有传统小煎饼……都颇具民族特色。在俄罗斯餐桌上最常见的就是各种各样的肉类食品，几乎每餐都会有牛肉、羊肉、牛排、香肠等。

图 2-41　俄罗斯美食

七、中东欧国家

（一）捷克——欧洲的心脏地带

捷克的全称是捷克共和国，首都布拉格居于欧洲的心脏地带。捷克处在三面隆起的四边形盆地中，土地肥沃。全国丘陵起伏，森林密布，风景秀丽。国土分为两大地理区，西半部是波希米亚高地，东半部是喀尔巴阡山地。

谈及捷克文化，必须提到捷克文学，因为这里诞生了卡夫卡、哈谢克、塞弗尔特、昆德拉等世界级文学巨匠，也是《鼹鼠的故事》的家乡。

图 2-42　《鼹鼠的故事》

捷克人在穿着上比较讲究，正式场合都是穿着西装或长大衣；天气寒冷时还戴帽，围较长较宽的漂亮的围巾；妇女爱穿具有传统风格的黑色或深红色裙；一旦结婚，男子就把羽毛从帽子上摘下来。捷克人认为可以没有好衣服，不可没有好风度。他们不但在与别人打交道时谈吐文雅，彬彬有礼，而且独处时也不随便，对举止轻浮的人非常讨厌，对公众场合搂肩搭背的现象也没有好感。在家里，对长辈恭敬；在室外，扶老携幼者随处可见。捷克大力发展旅游业，几乎所有历史文物、名胜古迹都对旅游者开放，而且特别重视提高服务人员的素质和水平。古老的布拉格城是最主要的旅游目的地，其他城市和地区也吸引着大量的游客。

图 2-43　圣维塔大教堂

（二）爱沙尼亚——水边的居住者

爱沙尼亚气候属海洋性气候，受海洋影响明显，春季凉爽少雨，夏秋季温暖湿润，冬季寒冷多雪，冬季平均气温 7℃，夏季平均气温 16℃，年平均降水量 500~700mm。爱沙尼亚的森林覆盖率高达 48%，超过半数仍处于原始自然状态，自然生态系统保持得非常好。境内湖泊、沼泽众多，森林、沼泽、湖泊、河流几百年来按照自身的速度演变，极少有人为的干涉。

爱沙尼亚是一个旅游资源丰富的国家，森林覆盖率达到 48%，湖泊岛屿星罗棋布，中世纪古城堡、国家公园、海边度假胜地都是游客不容错过的地方。

👆【德能文化融入】

中华艺术宫展出"一带一路"沿线国家艺术作品

2017 年 11 月 30 日起，中华艺术宫里有三个位于"一带一路"沿线的国家艺术展同时开幕。第一次大规模地在国外展示艺术的"天的那边：当今时代的蒙古艺术"；精选了 9 位中青年艺术家的"航行：塞尔维亚当代艺术之旅"；展现漆画艺术与中国关系的"漆缘：沪藏越南当代绘画作品展"；加上正在举行的"'美滋润心·美丽双城记'之'美丽西澳'中澳摄影联展"，以独特的视角呈现了西澳大利亚的自然人文。从《同行——2017"一带一路"国际艺术联合展》中展现的作品中可以体会到，国家之间的现实与历史交融，越来越成为你中有我、我中有你的命运共同体。

"天的那边：当今时代的蒙古艺术"

"天的那边"，意味着蒙古不仅有蓝天和草原，更有天地之间遍地风流的人间。此展体现了蒙古艺术家既借鉴、融汇世界各种不同文明，更加关心蒙古草原绵延数千年游牧文化精神的再生。他们的艺术可以接受汉文化的影响，可以接受俄罗斯油画的影响，也可以接受中亚波斯细密画的影响。参展艺术家齐沐德道尔吉说，蒙古人的文化，一定与天有关。"我从小跟奶奶爷爷在乡下长大，我没事晚上看天，知道明天的天气，这是我们最基本的东西。到现在，我一直在跟我上面的天空对话，由它来补充自己的力量。"

"航行：塞尔维亚当代艺术之旅"

策展人玛丽佳娜·克拉利克在接受新民晚报记者采访时提出了"展览名称中的'航行'二字，意味着'移动'和'流离失所'。"她认为，塞尔维亚的艺术家们表现的主题也是全球艺术家普遍关心的现状，然而，不同的地方在于，由于巴尔干地区的历史动荡不安，冲突反复出现，导致领土流离和迁移频繁发生，因此，国家历史文化之旅的情景也象征着活力和保存。

"漆缘：沪藏越南当代绘画作品展"

展览所有的作品都是在中国的越南艺术收藏，策展人郭建超尤其提到了越南对于中国农业的影响，11世纪的宋代时期，越南中部占婆地区的占城稻传入中国，极大地改变了当时中国的水稻种植技术。此次展出的漆画，也是两国文化交流源远流长的见证，1963年周恩来总理派遣两名中国画家前往河内美术学院学习现代漆画。其中画家蔡克振在结束长达三年的学习生涯之后回到中国，致力于宣传现代漆画，重燃有着悠久历史的传统漆画技术和题材之火，同时也是对中国与越南文化之间的另一项共同探索。蔡克振针对现代漆画艺术感慨道："漆画是古老而年轻，受制约而又自由，重传统而更重创新的艺术。现代绢画也是这次展出的重点媒介。在本次展览中，早期现代漆画艺术家阮嘉智的一件大型六联漆画屏风《乡村》绘于1940

年 4 月，描绘了典型越南村庄田园诗般的景象，有人在忙碌工作，有人在享受闲暇时光，动物在茂密的树林中游荡，还有竹子和香蕉树错落其间。近几十年来最著名的越南艺术家之一阮忠表示自己十分喜爱石涛的画论与作品，创作与中国文化有着千丝万缕的关系。

2017 "一带一路"国际艺术联合展为中华艺术宫自有展览品牌"同行——美术馆联合展"的其中一个子展项，使参观者感受到"一带一路"不只是地理上的"一带一路"，更能够在精神上、艺术上产生深刻的情感共鸣，作品既有陌生感，又似曾相识。

"一带一路"的概念从中国开始，沿途每一个国家的每一件具体作品当中个体所表达的情感和经验，应该与他们各自的历史传统、文明、文化的根性密切相连，而似曾相识的亲近感，表达着我们都有着拥抱世界、拥抱彼此的愿望，也让人深刻体味到各国相互联系、相互依存的程度空前加深，人类生活在历史和现实交汇的同一个时空里，越来越成为"你中有我、我中有你"的命运共同体。"一带一路"的路途，让我们有更多的机会走出去、走下去，进行精神上的游牧，进行跨越江山和时间的对话。

(来源 《新民晚报》 2017.11.30)

第五章 "一带一路"建设取得的项目成果

·前言·

"一带一路"在政策沟通、设施联通、贸易畅通、资金融通、民心相通等重点领域务实合作不断推进，取得了显著的成果，促进了沿线各国繁荣发展。"一带一路"从中国倡议上升为国际共识，已经成为各方加强国际合作的重要途径和积极参与推进的重要国际公共产品，成为迄今最受欢迎、前景最好的国际合作平台。

·本章知识要点·

● 基建先行：通信、高铁铺设"丝路"基石
● 产能"走出去"：装备制造项目多点落地
● 瞄准重点方向，强化互联互通
● 境外合作园区建设
● 教育文化合作

【情景导入】

中国国家主席习近平在 2013 年提出共建丝绸之路经济带和 21 世纪海上丝绸之路的重要合作倡议。4 年多来，"一带一路"建设进展顺利，成果丰硕，受到国际社会的广泛欢迎和高度评价。2017 年 5 月 14 日至 15 日，中国在北京主办"一带一路"国际合作高峰论坛。这是各方共商、共建"一带一路"，共享互利合作成果的国际盛会，也是加强国际合作，对接彼此发展战略的重要合作平台。高峰论坛期间及前夕，各国政府、地方、企业等达成一系列合作共识、重要举措及务实成果，中方对其中具有代表性的一些成果进行了梳理和汇总，形成高峰论坛成果清单。清单主要涵盖政策沟通、设施联通、贸易畅通、资金融通、民心相通 5 大类，共 76 大项、270 多项具体成果。

第一节 基建先行：通信、高铁
铺设"丝路"基石

基建设施建设是"一带一路"对外投资中重要抓手，其中信息通信和高铁交通的双路铺设将为"丝绸之路"奠定基石，在帮助沿线国家提升基础设施的承载力的同时，有利于中国企业后期装备、技术、标准、建设、运营"走出去"。

在建设信息高速公路方面，扩建中的跨境"丝路光缆"成为一大亮点。工信部副部长辛国斌介绍，正大力推动跨境光缆建设，目前已与周边 12 个国家建成跨境路缆系统，建成了四条国际海缆。正在扩容中哈，新建中阿、中巴以及"丝路光缆"等跨境光缆系统。积极推进基础电信企业与"中国—东盟信息港"、非洲"六纵六横"骨干光缆等建设。

同时，推动基础电信企业积极参与国际通信业务运营，为相关国家提供高质量的通信服务。2016 年，我国三家基础电信企业涉外投资规模约 50 亿元人民币，已经在巴基斯坦、泰国、新加坡等国家和地区实现了海外运营。

其次，优化国际通信出入口布局，调整形成了北上广等九个综合性国际业务局，昆明等十几个区域性国际局，深圳等十个边境局和霍尔果斯等 58 个国际信道局为主体的整体架构。

再者，主动与沿线国家工业通信业进行对接。先后与柬埔寨、伊朗、孟加拉、阿富汗等国家信息通信主管部门签署了《政府间信息通信技术合作谅解备忘录》，与东非共同体五国、埃塞俄比亚和国际电信联盟分别签署了《共建东非信息高速公路合作文件》，并将在高峰论坛期间，与国际电信联盟签署《关于加强"一带一路"框架下电信和信息网络领域的合作意向书》。

除了"信息丝绸之路"，以高铁为代表的交通运输道路建设也是基建的重中之重。近年来，一系列标志性项目取得了积极进展。中老铁路已经全线开工建设；马来西亚东海岸铁路项目已开工建设；印尼雅万高铁已经签署了商务合同，并有望尽快全面开工；中泰铁路已在 2017 年 12 月下旬开工；匈塞铁路已经正式开工；中企与塞尔维亚签署高速公路合同；俄罗斯莫斯科至喀山高铁勘察设计已顺利完成；中吉乌铁路重启了三方联合工作机制；巴基斯坦 MT1 铁路完成了既有线升级改造的可行性研究。

第二节　产能"走出去"：装备制造项目多点落地

图 2-44　在巴基斯坦旁遮普省巴哈瓦尔布尔真纳太阳能工业园，中兴能源有限公司投资建设的 900 兆瓦光伏地面电站一期并网发电的部分太阳能电池板

中国产能"走出去"正在多领域推进。装备行业，具有较高技术水平的轨道交通、工程机械、汽车制造等企业纷纷到"一带一路"沿线国家投资。电子信息行业，多家光伏企业在美国、日本、欧洲、南美、东南亚等地投资光伏电站或开展 EPC 总包服务。

工信部也在指导钢铁、有色、建材等行业到国外去建厂。北部湾集团、广西盛隆冶金在马来西亚投资的联合钢铁大马有限公司项目于 2014 年开工建设；河钢集团与南非工业发展公司签署了在南非建设 500 万吨级的钢厂项目；河钢集团收购了塞尔维亚的斯梅代雷沃钢铁厂；中车与西门子股份有限公司、福伊特驱动技术系统公司和德国铁路股份有限公司在高铁领域开展了深入合作，共同开拓第三方市场。

第三节 瞄准重点方向，强化互联互通

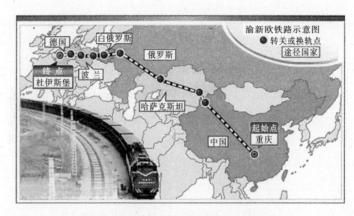

图 2-45 渝新欧铁路运行示意图

在中蒙俄经济走廊方向，我国与俄罗斯、蒙古签署了口岸合作框架协定，完成了中蒙边境乌力吉口岸的对外开放审理。

而在新亚欧大陆桥经济走廊方向，则重点打造了中欧班列这一统一物流品牌。其中，《中欧班列品牌建设方案》经领导小组审定印发实施。习近平主席访问波兰期间举行了中欧班列境外首达仪式，在国内 8 个城市举行了中欧班列品牌发布暨国内首发仪式。中欧班列建设发展规划正在征求各部门的意见。我国在境外匈塞铁路政府间合作协议已经生效，前期工作有序推进；在境内中哈（萨克斯坦）连云港物流合作基地一期正式启用。

图 2-46 中巴经济走廊位置

在中国—中亚—西亚经济走廊方向，中吉乌铁路"安格连—帕普"铁路隧道项目（乌境内）竣工通车，塔吉克斯坦"瓦赫达特—亚湾"桥隧项目一号隧道贯通，吉尔吉斯斯坦"南—北"公路项目、土耳其东西高铁前期工作抓紧进行。

在中巴经济走廊方向，巴基斯坦喀喇昆仑公路二期、卡拉奇高速公路开工建设，拉合尔轨道交通橙线等一批重点项目完成融资。巴基斯坦恰卡拉奇核电项目进展顺利。

在孟中印缅经济走廊方向，四国联合研究中方报告已经完成。缅甸皎漂特别经济区项目，中方联合体已经中标。

在21世纪海上丝绸之路方向，斯里兰卡科伦坡港口城复工，汉班托塔港二期工程即将竣工，希腊比雷埃夫斯港权收购项目完全交割。毛里塔尼亚、哈萨克斯坦、印尼、伊朗等海外海水淡化项目正在推进落实。

第四节 境外合作园区建设

图 2-47 苏伊士经贸合作区

截至 2017 年，我国企业已在"一带一路"沿线国家建设 46 个合作区。其中，中白工业园起步区基础设施建设已基本完成，将具备全面招商引资条件，已入区的 11 个项目将陆续建成或开工。埃及苏伊士经贸合作区、匈牙利中欧商贸物流园正在加紧招商引资，阿曼杜库姆经济特区中国产业园取得积极进展。

第五节 教育文化合作

　　截至 2017 年 4 月，我国与"一带一路"沿线国家签署了 45 份教育双边多边合作协议，与 24 个沿线国家签署了学历学位互认协议。截至 2017 年 3 月，已在沿线 53 个国家开办了 137 所孔子学院、131 个孔子课堂，来华留学生中将近一半来自"一带一路"沿线国家。文化部在沿线 37 个国家、70 多个城市举办各类文化活动近 300 场，成功举办中埃文化年"丝路新韵"展演活动、2016 年"一带一路"文化发展论坛等活动。海上丝绸之路联合申遗已经启动，推动与海上丝绸之路沿线国家建立政府间文化遗产合作机制。

【德能文化融入】

图 2-48 "一带一路"相关数据

4年来，我国与"一带一路"沿线国家往来不断加深。从艺术交流到跨境旅游，从翻译出版到留学访问，日益升温的文化交流与文化合作，使各国人民在共建"一带一路"进程中相逢相知相融。友谊之花在"一带一路"上绚丽绽放。

互办文化年、艺术节、电影节、电视周和图书展等各项文化交流，开展翻译出版、媒体合作、青年和妇女交往、人文旅游等多种形式的交往，我国与"一带一路"沿线各国人民不断增进感情，促进互利共赢，使丝路友好合作精神得以传承和弘扬，为深化双多边合作夯实民意基础。

宁夏银川：丝路书香，构建对话交流平台

《黄河》《清真的味道》《丝路印象》……你是否会惊讶，在迪拜，中阿卫视每天都在黄金时段播放中国的纪录片？《弟子规》《三字经》……你是否能想象，这些书正在阿拉伯世界畅销？

近年来，宁夏利用人文优势，加强与阿拉伯国家的文化交流，推动民心相通。

由国家新闻出版广电总局、宁夏回族自治区人民政府、阿拉伯国家广播联盟共同主办的中国——阿拉伯国家广播电视合作论坛，自2011年以来，已在银川成功举办三届。宁夏广播电视台与突尼斯、阿联酋、埃及等9国广播电视机构签署合作协议。

2016年11月，由国内7家单位组成的联合参展团在阿联酋迪拜参加第七届中东电视周，宁夏广播电视台作为国内唯一一家省级广播电视媒体机构展览播出的《解码一带一路》《天下回商》等译制为阿语的纪录片、栏目广受关注。

出版业同样大有作为。黄河出版传媒集团自2010年以来，推动文化走出去，组建了国际版权贸易部，专门负责与国外出版机构联络；2011年、2013年及2015年举办中国——阿拉伯国家出版合作论坛，旨在提供相互了解的对话平台和版权贸易的交流平台。

民营机构也做得如火如荼，"一带一路"倡议提出后，中国引起越来越多阿拉伯人的浓厚兴趣。"'一带一路'是什么，会带来什么，现在的中国是什么样子，许多阿拉伯人都希望了解，却又很难找到合适途径。借助丝路书香等项目，越来越多的中国图书和作者为阿拉伯世界熟识，如《习近平谈治国理政》。"宁夏智慧宫文化传媒公司总经理张时荣介绍，有关中国的书籍，在阿拉伯世界一时洛阳纸贵。

近年来，"智慧宫"连续举办中阿合作出版论坛。从刚开始不到50家参会商，到如今国内外200余家出版社参与，中图、五洲、译林等国内一流出版社陆续成为合作伙伴；2014年，与五洲出版社联合撰写出版阿文图书《中国道路：奇迹和秘

诀》，当年在第三十三届阿联酋沙迦国际书展上引起轰动。"中国书确实火了。以埃及为例，当地书籍能卖到 5000 册以上就能进入畅销书行列；而中国图书翻译成阿文后，大多数销量都能超 1 万册，甚至达到 2 万册。"张时荣很自豪。

语言是沟通的主要工具，是民心相通的重要载体。文化上相互认知和理解，需要通过语言来实现。除了翻译出版领域，孔子学院建设也为沿线民众了解中国起到独特作用。目前，在"一带一路"沿线国家中已建立 100 多所孔子学院和 100 多个中小学孔子课堂，让更多人深入地了解中国。

新疆乌鲁木齐：丝路艺术，舞蹈传递多彩文化

热辣的土耳其火舞《安纳托利亚的火》演绎了满满的土耳其历史风情，来自孟加拉国的歌舞晚会《来自孟加拉的彩虹》描绘了一个不同肤色、不同行业的人们和谐地生活在一起的美好世界，澳大利亚《土木水火风》、白俄罗斯《吉赛尔》、哈萨克斯坦《经典歌舞晚会》、乌兹别克斯坦《盛开的乌兹别克斯坦歌舞之花》……两年前，第四届中国新疆国际民族舞蹈节，一场场精彩的歌舞剧给乌鲁木齐市民罗春燕留下深刻印象，"两年一届的舞蹈节实在太难得了，今年要早早下手抢票。"

除了给观众带来视觉文化盛宴，舞蹈节也是各国舞者交流的舞台。"有获奖无数的中国古典舞剧《孔子》，还有世界知名芭蕾舞团演出，我都特别想看看，学习经验。"土耳其火舞舞蹈团在编导阿尔珀·阿克索伊带领下，用火舞映红了国内外观众的心。虽然舞团保持着两项世界吉尼斯纪录，但阿尔珀还想借机开阔眼界。

走过了全球 92 个国家，参加过无数舞蹈集会的阿尔珀对中国新疆国际民族舞蹈节赞不绝口："能汇集四大洲知名舞团，就证明这个平台的高端规格、国际化程度和成熟度。"

"我们的剧目汇集了形式多样的演出，不管是不是台下观众喜欢的表现形式，他们都礼貌地对我们报以热烈掌声和鼓励，让我收获了满满的成就感和幸福感。"哈萨克斯坦共和国萨尔塔纳国家歌舞团的演员叶尔努尔·哈力克勃力说。

由白俄罗斯国家芭蕾舞团献演的压轴剧目《一千零一夜》为观众带来了一场视觉盛宴，为第四届中国新疆国际民族舞蹈节也画上了圆满句号。

连续举办了五届的中国新疆国际民族舞蹈节已经成为新疆与不同国家进行文化交流交往交融的重要平台与载体。

陕西西安：丝路旅游，读懂中国的昨天和今天

作为民心相通的直观表现形式，旅游业在人文交流方面起着纽带和桥梁作用。"一带一路"被认为是世界精华旅游资源的汇集之路，这里集中了大量的世界文化遗产。陕西作为丝绸之路上的旅游大省，吸引着大量沿线游客。

这些天来，陕西迎来了几位特殊的客人。为做好"2017丝绸之路旅游年"和主要旅游城市宣传推广工作，国家旅游局驻罗马办事处特别邀请意大利旅游记者协会记者团到陕西采访。西安深厚灿烂的历史文化和现代城市交融发展的古城风貌给记者们以深深的震撼。

为了让世界更好地了解陕西，近年总会有来自阿富汗、土耳其、埃及等丝路沿线国家的"媒体大咖"被邀请至陕西，走进西安、宝鸡、汉中等地的历史文化遗迹，了解丝绸之路文化遗产保护、中华优秀传统文化传承、文化产业发展等情况，用自己的相机、摄像机记录在陕西的所见所闻，同时向他们的国家传送画面、声音、文字，让更多的人了解和感受中华文化的魅力和神秘。

埃及《金字塔报》执行总编曼苏尔曾经参加过关于"一带一路"的研讨会，也撰写过相关文章让埃及人民了解这一建设会给他们带来什么样的发展和变化。"习近平主席2013年提出了'一带一路'倡议，这不仅会推动中国自身的发展，更有助于丝绸之路沿线各国的经济社会发展，所以我们愿意多了解怎样能够加强和中国的交流互鉴。"他说。

"一带一路"建设4年来，陕西省旅游业趋势发展，据测算，目前陕西旅游业增加值已占全省GDP的7.95%，旅游业综合贡献率达14.88%。根据《陕西省"一带一路"建设2017年行动计划》，今年将在西安咸阳国际机场口岸实行部分国家人员144小时过境免签政策，进一步打造入境洲际中转旅客集散地。

据国家旅游局预计，"十三五"时期，中国将为"一带一路"沿线国家输送1.5亿人次游客、2000亿美元旅游消费。同时还将吸引沿线国家8500万人次游客来华旅游，拉动旅游消费约1100亿美元。

中国社科院旅游研究中心秘书长金准说，丝路旅游是人文交流的主要载体之一，通过旅游进行的民间交流，已经是"一带一路"沿线民心相通的基本形态。

(来源 《人民日报》 2017.05.17)

未来展望　丝路复兴与命运共同体

第三编

第一章　复兴路之"一带一路"

·前言·

　　国家复兴，经济复兴是当务之急、首要任务。古代丝绸之路让世界知晓中国，让中国的丝绸、茶叶、瓷器走向世界，提高了中国的知名度，使得中国这个文明古国成为世界东方文化的中心。如今，重建丝绸之路，恢复丝绸之路风采，使历史上的丝绸之路重新成为现代世界经济的重要发展途径，也是复兴中华文明的一个重要标志。

·本章知识要点·

● 丝绸之路与中华民族复兴的愿景
● 开启中华民族复兴路的钥匙
● 大道行共赢 "一带一路"点亮发展现实
● "一带一路"协同合作、共谋发展

【情景导入】

　　从习近平主席对"丝绸之路经济带"和"21世纪海上丝绸之路"倡议的提出，到金砖国家开发银行、亚洲基础设施投资银行及"丝路基金"等开发性金融机构的成立，再到《推动共建丝绸之路经济带和21世纪海上丝绸之路的愿景与行动》的中国官方政策发布，再到十九大关于《中国共产党章程（修正案）》的决议明确提出，将推进"一带一路"建设等内容写入党章。"一带一路"已经成为备受国际瞩目的热点话题。

　　国家"一带一路"合作倡议是"中国梦"的合理延伸，也是"世界梦"愿景的实现途径，它顺应了当今世界经济、政治、外交格局的新变化，将给"一带一路"沿线国家和地区带来更加紧密的经贸合作和更加广阔的发展空间，也将为沿线国家和地区的文化交流及友好往来开辟新的更加顺畅的通道。通过新"丝绸之路",把实现中华民族伟大复兴的中国梦和"一带一路"沿线国家和地区人民追求美好生活的梦想连接在了一起。

第一节　丝绸之路与中华民族复兴的愿景

近年来,以习近平同志为总书记的党中央提出了多种经济社会发展战略,比如"一带一路"。"一带一路"建设,是党中央主动应对全球形势深刻变化、统筹国际国内两个大局作出的重大战略决策。这一宏伟战略已被写入《中共中央关于全面深化改革若干重大问题的决定》和2014年的《政府工作报告》,成为国家重要的发展战略。重建丝绸之路,恢复丝绸之路风采,使历史上的丝绸之路重新成为现代世界经济的重要发展途径,也是复兴中华文明的一个重要标志。

中华民族的伟大复兴,更多的是要为解决人类公共性问题与挑战发出中国倡议、提供中国方案、展示中国智慧,这就需要复兴——包容——创新的三位一体:复兴古代文明,包容西方文明,创新人类文明。"一带一路"倡议就服务于此,正在并将提升中国国际话语权。"一带一路"倡议将"部分经济全球化"变成"包容性经济全球化",将经济全球化与本土化相结合,帮助更多国家脱贫致富,开创21世纪地区与国际合作新模式,开创绿色、可持续发展新气象。

一、丝绸之路打开了中国对外交流的大门

丝绸之路是指汉代从长安经过中亚、西亚至地中海沿岸诸国的贸易之路。丝绸之路是汉代张骞怀着神圣国家使命,历经九死一生开辟出的世界性贸易通道,从秦岭脚下直至天山南北,再穿过无尽荒凉沙漠,蜿蜒到地中海边。这条经济大动脉长达万里,跨越不同区域异质文化,在人类发展史上第一次实现了中西方物质特产和精神智慧的大融合。虽然是由古代中国人开通,但是却是近代西方人命名的。1877年,德国地理学家李希霍芬在《中国》一书中首次使用,描写从中国到中亚阿姆河与锡尔河以及印度之间的交通。1910年,德国历史学家赫尔曼在《中国与叙利亚之间的古代丝绸之路》一书中,将丝路又延伸到了西亚和地中海沿岸。

清末民国初年以来,兴起了对中亚地区的考古,已冷清了多年的丝路又重新回到了人们视线。一批西方探险者深入亚洲腹地,探险者中最早穿越丝路的是俄国人

普尔热瓦尔斯基。瑞典人斯文赫定则发现了楼兰遗址。英国籍匈牙利人斯坦因五次到莫高窟。随着研究内容的深入，出现了玉石之路、宝石之路、皮毛之路、瓷器之路、佛教之路、丝绸之路等不同的命名，但最终被普遍接受的还是丝绸之路。

数千年来，各国使节、商队、游客、学者、工匠、教徒沿着丝绸之路四处活动、川流不息，沿线民众互通有无、互学互鉴，逐渐形成了沟通中华文明、印度文明、波斯文明、阿拉伯文明、希腊文明的经济文化交流的友谊之路。古丝绸之路是沿线各国人民共同走出来的。各国人民排除艰难险阻、跨越万水千山，以极大的毅力和勇气开辟了这条道路。古丝绸之路承载的和平合作、开放包容、互学互鉴、互利共赢精神薪火相传。新时代背景下，亚欧国家都面临着转变发展模式、增强发展动力的共同使命和挑战，需要沿线各国共同建设"一带一路"，使这条曾经创造无数财富、凝聚各国人民友谊的传奇之路重现辉煌，成为惠及沿线各国人民的和平之路、合作之路、共赢之路。

二、"一带一路"开启中国特色大国外交新征程

在以习近平总书记为核心的党中央领导下，中国外交高举和平、发展、合作、共赢旗帜，推动构建新型国际关系，推动构建人类命运共同体，使中国发展的世界意义更加彰显，中国道路的全球影响更加深远。中国身影在世界舞台上更加强大，也越来越为人熟知。

截至目前，中国已经同80多个国家和国际组织签署了"一带一路"合作协议；同30多个沿线及其他国家签署了产能合作有关文件，把产能合作纳入机制化轨道；同俄罗斯、哈萨克斯坦、蒙古国、越南、巴基斯坦、波兰、英国等有关国家协调了相关规划及政策；在沿线24个国家推进建设75个境外经贸合作区；截至2016年底，中国企业对沿线国家直接投资超过600亿美元，创造了近20万个就业岗位。全球100多个国家和国际组织积极支持和参与"一带一路"建设，联合国大会、联合国安理会等重要决议也纳入"一带一路"建设内容。

在"一带一路"建设的带动下，中国不断举办国际性的会议，比如APEC领导人非正式会议、2016杭州G20峰会，举办亚投行，越来越多地参与国际事务和地区事务，获得越来越多的话语权。"一带一路"倡议提出以来，中国旨在打造全球伙伴关系、大国关系、周边外交、与发展中国家关系、多边外交、公共外交这六个层次的总布局，"一带一路"倡议为中国外交提供了广阔的平台，为中国与世界各国共同发展提供了新的动力。

在2014年11月28日至29日的中央外事工作会议上，习近平主席提出："中国必须有自己特色的大国外交。"中国特色的大国外交，不仅考虑到中华民族的根

本利益，而且考虑到世界人民的根本利益，是从人类的共同利益出发的。"一带一路"是中国特色大国外交中很重要的组成部分。"一带一路"这个倡议真正造福于"一带一路"沿线各国和地区，并延伸到世界其他地方，让全世界看到中国所追求的不是单赢，而是合作共赢；中国所追求的不仅是自己的繁荣富强，而是希望能够促进世界的持久和平和共同繁荣，让世界更加美好。

目前，世界国家经济发展速度放缓。从各地区的经济增长速度来看，东亚经济增长迅速，南亚正在跟上，中亚有些滞后，西亚情况比较复杂；欧洲是世界上最发达的地区之一，但目前经济增长乏力。但是欧洲和亚洲、东亚、南亚、中亚、西亚之间经济上有很强的互补性。"一带一路"倡议的目的，就是要通过合作把欧亚大陆的经济增长潜力挖掘出来；将贸易对象变广，贸易内容变得灵活多样，最主要的是刺激贸易多方的积极主动性。

承前启后，继往开来。进入新时代的中国特色大国外交视野更加开阔、目标更加高远、格局更加宏大、步伐更加从容。以共商共建共享为原则，推进"一带一路"建设，是中国坚持和实践正确义利观、推动构建人类命运共同体的创造性实践。

三、"一带一路"建设是实现中华民族伟大复兴的新征途

中国经济总量在 2010 年超过日本成为全球第二大经济体，中国的发展离不开世界，世界的繁荣稳定也离不开中国，中国已经成为名副其实的大国。另一方面，中国已经接近世界舞台的中心。中国发生的事情会影响世界，世界发生的事情也会影响中国。自 1840 年鸦片战争以来，中国的国际地位和世界影响力从来没有像今天这样重要。从一定意义上说中国正在悄然改变着原有的国际秩序。

2013 年，习近平主席提出构建人类命运共同体的提议，几年过去了，当年的想法已经转化为行动，比如我国在应对全球气候变暖付出的努力以及我们正在探讨的"一带一路"。通过开放经济领域合作，推崇自由贸易，反对贸易保护，共同推动世界和平和可持续发展，这一点我国十分认同。中国不仅提出了"中国方案"，也走出了"中国路径"，实现伟大复兴是全民族的共同梦想，海内外全体中华儿女同心共圆中国梦。

"一带一路"倡议是中国在面临全球经济复苏乏力、国内经济新常态、外部发展环境趋紧、地缘政治错综复杂的形势下，寻求对外开放新格局、经济外交新突破、地区合作新模式、全球治理改革新尝试的重大战略举措。

"一带一路"建设势必使得中国影响力不断扩大，在世界上话语权增加，影响着原有的国际经济和政治秩序，世界国家和经济体在中国"一带一路"倡议下不断

与中国扩大对外贸易和文化交流，形成一个新的贸易共同体。

第二节　开启中华民族复兴路的钥匙

丝绸之路不仅是一条文化交流之路，还是一条经济交流之路，政治交流之路。当年玄奘通过丝绸之路到印度去取经，在丝绸之路上的一个重要城市——敦煌，曾发现大量的历史文献。由于各种历史原因，这些珍贵的文献散落到了世界各地，使得敦煌学成为国际学术界的一门显学。这不是偶然的，而是因为丝绸之路是一条文化交流之路，东西方的文化交流通过丝绸之路来实现。作为世界上最大的发展中国家和社会主义国家，"一带一路"建设能够将中国发展的经验介绍到全世界，能够让世界人民更好地了解中国，以正确的眼光重新认识中国，不断增强中国的文化政治影响力。

"一带一路"建设是一个来自中国的倡议，成果惠及沿线各国乃至整个世界。中国对于发展问题有着深入的认识，独特的历史发展经验支撑起一个普惠的世界发展方案。从想发展到能发展，再到共同发展，习近平主席用"钥匙比喻"，形象地表述了中华民族伟大复兴的方式方法。"钥匙比喻"说的是想发展的问题。对于中国和"一带一路"沿线国家，发展是解决地区问题的"总钥匙"。同时，这把钥匙又开启了中华民族的复兴路，也能够开启亚洲经济的腾飞，以及世界经济的复苏。

一、丝绸之路经济带建设有助于中国经济发展趋于平衡

中国实行改革开放，允许一部分人先富起来。由于地域优势，中国经济的腾飞首先从沿海地区开始。对于加工贸易来说，在沿海地区进行产品加工，随即通过海路运到世界各大消费市场，相对陆运来说，成本较低。所以，中国改革开放参与经济全球化的过程中，沿海城市更容易吸引外来投资，从而拉动本地区经济的发展。长期以来，我国沿海与内陆的差距较大。实际上，"一带一路"倡议在一定程度上弥补了过去战略上的缺失，可以加快对西部地区的投资，使发展重心向西部倾斜。

在整个丝绸之路经济带建设过程中，约有 4600 公里在中国区域内，主要集中在中国的中西部地区，这些地区相对于沿海地区来说，发展相对滞后，重振丝绸之路经济带意味着要扩大对广大中西部地区基础设施的投资，改善当地投资环境，使这些地区的经济能够振兴起来。过去，中西部地区由于交通运输成本问题无法跟沿

海城市竞争，如果把通向欧洲市场的陆地交通打通，通过铁路、高速公路使西部城市成为对外出口的前沿阵地，那么，无论是加工贸易还是自主生产，西部地区都会吸引大量投资，使西部地区经济快速发展起来。

另外，过去我国经济发展对制造业和出口依赖过重，造成经济结构的不平衡，世界金融危机过去后，中国认识到需要重新调整经济结构，减少制造业和出口部门的比例，而丝绸之路经济带的建设可以引领新的行业发展，这对中国运输、物流企业来说是一个重整的过程，一些新的产业可以在丝绸之路经济带重建过程中找到定位。多年过去，很多刺激经济计划下建立起来的基础设施建设企业的设备闲置下来，造成了巨大的浪费。"一带一路"建设为他们提供了新的发展机会，使这些闲置设备的使用寿命大大延长，降低了企业运行成本，效益不断扩大。所以，对于参与"一带一路"基础设施建设的企业来说，这是一个重要的窗口期。

二、"一带一路"是开启我国社会主义现代化建设的东方智慧

"一带一路"建设是构建我国开放型经济新体系的顶层设计，是实现中华民族伟大复兴中国梦的重大举措，是中国为世界提供的一项充满东方智慧、实现共同繁荣发展的方案，是构建人类命运共同体的伟大探索和实践，有利于保持我国经济平稳健康发展。以开放促发展，可以加快西部地区发展步伐，助推东中西部地区梯次联动并进。

"一带一路"建设有利于周边国家与我国共创共享发展机遇。既可以使我国发展更多惠及周边国家、实现共同发展，又可以提升我国参与国际合作的亲和力和影响力，为国内发展创造和平、稳定的周边环境。

"一带一路"建设有利于世界经济稳定增长，实现世界经济再平衡。以"一带一路"建设为契机开展跨国互联互通、提高贸易和投资合作水平、推动国际产能和装备制造合作，本质上是通过提高有效供给来催生新的需求，有利于稳定世界经济形势，实现世界经济再平衡。

软实力是中华民族伟大复兴的一个关键制约。中国要想实现伟大复兴必须迈过软实力这道坎，超越近代赶超西方的逻辑，提出解决人类共同关切的时代方案。"一带一路"倡议的提出，为中国的制度性国际话语权建设带来了希望，其基本思路就是，中国要把数量的优势变成质量的优势，变成结构性权力。一方面要跟欧洲、美国、日本等先进国家竞争，搞"中国制造2020"，实现弯道超车；另一方面要搞互补合作，着眼于更需要中国资金、技术的"一带一路"沿线国家，实现变道超车。中国不是被动地加入经济全球化，而是要创造一个新的经济全球化体系。这就是"一带一路"的软实力使命。

第三节 大道行共赢 "一带一路"
点亮发展现实

"一带一路"建设是在世界经济发展总体低迷的形势下提出的,"一带一路"在坚持开放共赢的理念上,将沿线各国联合起来,共同发展。建设"一带一路",是党中央着眼坚持和发展中国特色社会主义、实现中华民族伟大复兴中国梦而提出的重大战略构想。不失时机地推动实施这一战略构想,必将为实现中国梦开拓新局面、创造新机遇,必将给世界梦注入更多新动能、新活力。

一、实现和平发展的战略举措

建设"一带一路",有助于相关各国通过合作促进共同安全,有效管控分歧和争端,推动各国关系协调与和谐,使沿线国家走上和平发展之路。同时,对保障我国战略安全、拓展战略空间、稳定能源供应、保障经济安全,突破遏制我国的战略包围具有重要意义。

当前,人类社会正处在一个大发展、大变革、大调整的时代,人类已经成为你中有我、我中有你的命运共同体。同时,和平赤字、发展赤字、治理赤字成为摆在全人类面前的严峻挑战。各国必须寻求合作、形成合力,才能促进世界和平安宁、共同发展。

协同合作是历史的选择也是时代的潮流。汉代张骞两次出使西域,15世纪初郑和七次远洋航海,一代又一代"丝路人"以其坚韧不拔的意志、平等相待的精神、互利合作的理念架起了东西方合作的纽带、和平的桥梁,并让以和平合作、开放包容、互学互鉴、互利共赢为核心的丝路精神赓续久远。两千多年的历史已经向人们清晰地证明,无论相隔多远,只要坚持相向而行,就能走出一条相遇相知、共同发展之路。

"一带一路"建设不是中国一家的独奏,而是沿线国家的合唱。开放包容、互利共赢既是"一带一路"建设最鲜明的特色,也是其强大生命力所在。树立协同合作的理念,对于中国而言,重点是在和平共处五项原则基础上,发展同所有"一带一路"建设参与国的友好合作,不断赋予古老丝绸之路以崭新的时代内涵,在合作中将经济优势转化为互补优势,共同推动区域国家间的互惠共赢和繁荣稳定。对于沿线国家而言，关键是着眼合作共赢，聚焦发展这个根本性问题，打造对话不对抗、结伴不结盟的伙伴关系，实现经济融合、发展联动、成果共享，牢牢坚持"计利当计天下利"的人间正道。

二、打造中国经济升级版的战略谋划

建设"一带一路"，是全面深化改革的重要组成部分，是通过扩大开放促进经济结构调整，以内引外联合促进经济发展的务实之举，是顺应我国经济转型升级要求的重大战略举措。"一带一路"分别从陆上和海上推进互联互通，拓展开放通道，能够使相关国家在平等互利的基础上深化区域合作，为亚洲的整体振兴插上强劲翅膀。加强政策沟通、道路联通、贸易畅通、货币流通、民心相通，找到利益契合点，能够最大限度实现经济发展战略的有效对接，逐步形成区域大合作的新格局。"一带一路"建设正成为世界经济新的增长点。以"一带一路"建设为契机，开展跨国互联互通，提高贸易和投资合作水平，推动国际产能和装备制造合作，实质是通过提高有效供给来催生新需求，形成新的经济增长点，实现世界经济再平衡。

对外开放的新深化。党的十一届三中全会以来，我国对外开放由点到线、由线到面，从南到北、从东到西逐步扩展。从兴办经济特区到开放沿海港口城市、再到开辟沿海经济开放区，从推动沿江、沿边和内陆省份对外开放到正式加入世界贸易组织，我国对外开放的广度和深度不断拓展。建设"一带一路"，是我们党在国际国内形势发生深刻变化的时代条件下，以全新理念推动的新一轮开放，有利于实现国内与国际的互动合作、对内开放与对外开放的相互促进，从而更好地利用两个市场、两种资源，拓展发展空间、释放发展潜力。

经济转型的新引擎。国际金融危机爆发以来，发达国家市场需求明显减弱，我国外向型经济发展受到一定制约。同时，我国经济经历长期高速增长之后，结构性矛盾和产能过剩压力凸显。建设丝绸之路经济带，是打造中国经济升级版的新引擎，能够形成新的亚欧商贸通道和经济发展带，带动我国内陆沿边向西开放，扩大西部经济发展空间。建设 21 世纪海上丝绸之路，是打造东部经济升级版的新支点，能够带动沿海地区优化外贸结构，推动经济转型升级，减轻资源环境压力，形成与东南亚国家联动发展的新局面。

互利合作的新拓展。发展潜力就是发展空间，发展潜力越大的地方，发展空间也越大。互补就是互利，发展禀赋互补性越强，互利共赢的利益汇合点就越多。"一带一路"的相关国家和地区有较强的发展潜力，与我国经济发展有较强的互补性。从世界范围看，亚洲和周边国家的区域合作相对滞后，如基础设施建设不联不

通、联而不通或通而不畅,制约了区域合作的进一步发展。"一带一路"分别从陆上和海上推进互联互通,拓展开放通道,能够使相关国家在平等互利的基础上深化区域合作,为亚洲的整体振兴插上强劲翅膀。加强政策沟通、道路联通、贸易畅通、货币流通、民心相通,找到利益契合点,能够最大限度实现经济发展战略的有效对接,逐步形成区域大合作的新格局。

三、连接中国梦与世界梦的战略纽带

中国梦是和平、发展、合作、共赢的梦,与各国人民的美好梦想息息相通;中国人民愿同各国人民一道,携手共圆世界梦。"一带一路"将中国梦与世界梦更加紧密地联系在一起,是相关国家人民筑梦的战略纽带。建设"一带一路",是中国践行正确义利观的实际举措,既维护和实现本国人民的根本利益,又兼顾相关国家和地区的共同利益。这样的主张与行动,顺应天下人心,彰显人间正道,赢得广泛认同,搭建起中国梦与世界梦息息相通的桥梁,谱写新的追梦华章。

2016 年底,第 71 届联合国大会决议首次写入"一带一路"倡议,获得 193 个会员国一致赞同。2017 年 3 月 17 日,联合国安理会通过第 2344 号决议,呼吁通过"一带一路"建设等加强区域经济合作。应邀出席此次"一带一路"国际合作高峰论坛的联合国大会主席彼得·汤姆森表示,"一带一路"倡议是中国基于全球共同繁荣的理念提出的,与联合国的目标高度契合,联合国方面希望将"一带一路"倡议与 2030 年可持续发展议程进行"联姻"。这无异于是在强化中国梦与世界梦的融合与共为。

中国的发展离不开世界,世界的发展也离不开中国。中国人民张开双臂欢迎各国人民搭乘中国发展的"快车"、"便车"。在"一带一路"建设的大背景下,一系列"中国智造"正逐步进入沿线国家民众的日常生活,为解决民生难题贡献中国方案。在创新驱动下,越来越多的企业逐梦丝路,为这条互尊互信之路、合作共赢之路、文明互鉴之路不断注入新动能。

四、推动践行正确义利观的中国道义

"'一带一路'要找到沿线各个国家和地区的连接点。""务实合作需要更多的项目作为载体。"以项目促进"一带一路"合作。企业作为'一带一路'倡议的实践者和支持者,也在跟随着'一带一路'进程中得到发展。理论上,世界日益增长的对合作公共产品需求与落后供给能力之间的矛盾,就是建设"一带一路"的动力。实践中,建设"一带一路",必须正视已有或将来可能出现的各种认知风险。必须确立这样的共识,即丝绸之路是欧亚国家的共同记忆,"一带一路"是沿线国家的

共同事业，始终坚持"共商、共建、共享"原则，通过共商共建丝绸之路，达到共担风险、共襄盛举的目标。古丝绸之路如此，"一带一路"倡议亦然。对中国而言，要跳出大国崛起的范畴来解释"一带一路"；对外国而言，要跳出近代西方话语体系和历史经验来理解"一带一路"。这就需要联接中外、沟通世界，学会运用世界话语传播丝绸之路文化、讲好丝绸之路故事、阐明丝绸之路精神，让沿线国家、沿线人们听得懂、能接受、能理解。这样，古老的丝绸之路才能更好更快地在新时代焕发出强劲的生命力。建设"一带一路"，能够充分发挥上合组织、东盟"10+1"、中阿合作论坛等现有机制作用，促进区域内经济要素有序自由流动和优化配置，带动沿线国家经济转型和发展2017年形势与政策一带一路心得体会心得体会。这既能为实现中国梦创造良好条件，又能向相关国家和地区辐射"中国红利"，实现战略机遇的对接、交汇。更为重要的是，"一带一路"建设可以与欧盟、北美自由贸易区形成"三足鼎立"态势，加快形成国际经济新格局，进而对经济全球化产生深远影响。

新形势下，中国积极倡导正确义利观，政治上秉持公道正义，坚持平等相待，遵守国际关系基本原则，反对霸权主义和强权政治，反对为一己之私损害他人利益、破坏地区和平稳定；经济上坚持互利共赢、共同发展。

第四节 "一带一路"协同合作、共谋发展

改革开放特别是实施西部大开发以来，西部地区积极实施赶超战略，发展步伐明显加快，但受地理区位、资源禀赋、发展基础等因素影响，与东部地区相比仍有很大差距。"'一带一路'将构筑新一轮对外开放的'一体两翼'，在提升向东开放水平的同时加快向西开放步伐，助推内陆沿边地区由对外开放的边缘迈向前沿。'一带一路'建设，有助于西部地区统筹利用国际国内两个市场、两种资源，形成横贯东中西、联结南北方的对外经济走廊，进一步释放开发开放和创新创造活力。"

一、"一带一路"建设是促进亚欧国家共同发展繁荣的必然选择

中国坚定不移走和平发展道路，始终不渝奉行互利共赢的开放战略，积极践行亲、诚、惠、容的外交理念，逐步深化同周边国家互利合作。"一带一路"建设受到亚欧国家积极支持和参与，国内相关省份也纷纷制定实施规划方案。但美国、俄罗

斯、日本实施的力图主导地区事务的战略举措，给"一带一路"建设带来了严峻挑战。沿线各国应团结互信、合作共赢，努力打造亚欧利益共同体和命运共同体，共创丝绸之路新辉煌。

通过"一带一路"建设，能够更好地推动沿线各国人民友好交往，促进不同种族、不同信仰、不同文化传统的国家之间和谐相处，共同发展、共同繁荣，给沿线各国人民带来实实在在的利益和好处。"一带一路"是世界上跨度最长的经济大走廊，也是世界上最具发展潜力的经济合作带。"一带一路"发端于中国，贯通中亚、东南亚、南亚、西亚乃至欧洲部分区域，东牵亚太经济圈，西系欧洲经济圈。通过"一带一路"建设，能够把中国的发展与沿线各国的发展对接起来，把中国梦与沿线各国人民过上美好生活的梦想对接起来，让周边国家从中国的发展中获益。

二、"一带一路"建设是沿线各国团结互信、合作共赢的实现途径

"一带一路"建设沿线各国要团结互信、合作共赢，将政治关系优势、地缘毗邻优势、经济互补优势转化为务实合作优势，努力打造亚欧利益共同体和命运共同体，增进沿线各国人民福祉，共创丝绸之路新辉煌。"一带一路"沿线国家主要分布在中亚、西亚、东南亚、南亚、中东欧地区，大多属于我国对外经贸关系中的"非传统"区域。拓展与加强与沿线国家的经贸合作将有利于中国向西进方向寻求战略发展新空间，构建全方位开放新格局，打造南南合作的新型全球经济治理体系。"一带一路"倡议以基础设施联通、贸易畅通、资金融通、政策沟通、民心相通为重点，实现发展成果共享，构筑"命运共同体"，推进中国与"一带一路"沿线国家的区域经济一体化。

（一）中国和中亚南亚国家、俄罗斯、欧盟国家共同建设

"一带一路"促进亚欧区域经济一体化发展大格局的形成。中国同中亚、南亚国家是山水相连的友好邻邦，应以创新的合作模式，共同建设"一带一路"。坚持世代友好，做和谐和睦的好邻居；坚定相互支持，做真诚互信的好朋友；加强务实合作，做互利共赢的好伙伴。中国和俄罗斯要加强在联合国、20国集团、上海合作组织、亚太经合组织、金砖国家、东亚峰会、亚信峰会等框架内的合作，推动国际政治经济秩序朝着更加公正合理的方向发展。双方要积极寻找丝绸之路经济带项目和欧亚经济联盟之间可行的契合点，推进油气、核能、电力、高铁、航空、通信、金融等领域合作，加强全方位基础设施与互联互通建设。中国和欧盟国家"要从战略高度看待中欧关系，将中欧两大力量、两大市场、两大文明结合起来，共同打造中欧和平、增长、改革、文明四大伙伴关系，为中欧合作注入新动力，为世界发展繁荣作出更大贡献"。中国和欧盟国家要做和平伙伴，带头走和平发展道路；做增

长伙伴，相互提供发展机遇；做改革伙伴，相互借鉴、相互支持；做文明伙伴，为彼此进步提供更多营养。

(二) 中国和东盟国家共同建设"一带一路"，打造中国—东盟命运共同体

中国和东盟国家要使双方成为兴衰相伴、安危与共、同舟共济的好邻居、好朋友、好伙伴。一是坚持讲信修睦。双方应真诚相待、友好相处，不断巩固政治和战略互信，在对方重大关切问题上相互支持。二是坚持合作共赢。双方应树立双赢、多赢、共赢的新理念，进一步提高中国—东盟自由贸易区合作水平，努力发展好中国—东盟海洋合作伙伴关系。三是坚持守望相助。双方应树立综合安全、共同安全、合作安全、可持续安全的新理念，对中国和一些东南亚国家在领土主权和海洋权益方面存在的分歧和争议，坚持通过对话协商以和平方式解决。四是坚持心心相印。双方要促进青年、智库、议会、非政府组织、新闻媒体等的友好交流，夯实双方合作的民意基础，增进人民了解和友谊。

(三) 中国和阿拉伯国家共同建设"一带一路"，不断深化中阿战略合作关系

目前，中阿都面临着实现民族振兴的共同使命和挑战，需要双方以"一带一路"倡议为引领，规划中阿关系未来发展，不断深化全面合作。一是要坚持共商、共建、共享原则。共商，就是集思广益，好事大家商量着办，使"一带一路"建设兼顾双方利益和关切，现双方智慧和创意。共建，就是各施所长，各尽所能，把双方优势和潜能充分发挥出来，聚沙成塔，积水成渊，持之以恒加以推进。共享，就是让建设成果更多更公平惠及中阿人民，打造中阿利益共同体和命运共同体。二是要做好顶层设计。要以能源合作为主轴，以基础设施建设、贸易和投资便利化为两翼，以核能、航天卫星、新能源三大高新领域为突破口，促进资源要素在中阿之间有序流动和优化配置。三是要深化合作论坛建设。依托合作论坛支点，增进中阿传统友谊，加强政策沟通，深化务实合作，不断开拓创新。

(四) 中国国内各地区各部门共同建设"一带一路"，形成全方位开放新格局

"一带一路"建设是一项宏伟的国家战略，需要各地区各部门共同建设、共同发展、共同繁荣。一是要加强顶层设计。国家相关领导部门要尽快制定整体规划和具体实施蓝图，明晰沿线各省区市的功能定位、产业布局、资源整合等重大事项，加快形成区域产业协同融合、资源互补共享的良好发展格局。二是要加强道路互联互通。内陆城市要增开国际客货运航线，发展多式联运，形成横贯东中西、联结南北方的对外经济走廊，同时要加快同周边国家和区域基础设施互联互通建设。三是要加强产业对接合作。西部地区要抓住全球产业重新布局机遇，把扩大向西开放与承接东中部产业转移结合起来，同时要坚持"引进来"与"走出去"相结合，推动国内产业与国外产业对接合作。

三、"一带一路"为沿线国家不断创造新的经济增长点

对当前全球经济领域的三大突出矛盾——增长动能不足、经济治理滞后、发展空间失衡而言，"一带一路"是中国提出的解决方案，是一剂"良药"。"一带一路"提供经济发展的新动能，塑造新的经济增长点。推进"一带一路"建设，要聚焦发展这个根本性问题，释放各国发展潜力，实现经济大融合、发展大联动、成果大共享。除了经济领域的合作外，"一带一路"建设更是沿线国家文化的交流与深度融合。古代丝绸之路的建立改变了西方对东方的传统认知，如今"一带一路"是现代中国文化与沿线国家文化深度融合的体现，打开了世界深入了解中国的新窗口。

当然，"一带一路"建设也存在被误解与短时间的困难，比如美国会为避免美元的霸权地位受挑战而设置障碍；再比如一些沿线国家本身经济基础较为薄弱且法律环境并不完善，造成我国对其投资的一些基础设施盈利性不强，收回成本年限增加，这也影响到我国对沿线国家的投资规模。

但随着时间的推移和沿线国家经济的逐渐发展，其对我国文化与投资理念的认同感也会随之增加。在当今世界格局再平衡环境下，"一带一路"建设无疑是建立世界贸易新秩序、促进全球化进一步延伸的又一壮举，是东西方文化交融的重要途径。也是我国继改革开放、加入 WTO 后的又一重要战略举措，有望成为我国经济新的增长点。

第二章 "一带一路"建设与世界格局

·前言·

"一带一路"建设是基于中国理念和情怀的全球治理新实践，是中国主导建立人类命运共同体的新探索，其"新"主要表现在三个方面：在指导理念上，"一带一路"倡导国家平等协商，主张摒弃实力定义一切的西方政治哲学；在道路实践上，"一带一路"坚持从排他封闭走向包容开放，强调各国间的合作共赢；在价值目标上，"一带一路"倡导从国家主义转向世界主义，强调对人类命运的终极关怀。

·本章知识要点·

● "一带一路"建设与世界格局

【情景导入】

火 药

火药又被称为黑火药。是在适当的外界能量作用下，自身能进行迅速而有规律的燃烧，同时生成大量高温燃气的物质。在军事上主要用作枪弹、炮弹的发射药和推进剂及其他驱动装置的能源，是弹药的重要组成部分。

由于其是硫磺、硝石、炭的混合物，而前两项在汉代成书的中国第一部药物学典籍（《神农本草经》）里都被列为重要的药材。火药本身也被归入药类，影视剧和小说中常有人以火药疗伤的情节，这个确有其事，瞬间燃烧的火药可以止血，另外，明代李时珍的《本草纲目》中说，火药能治疮癣、杀虫、辟湿气和瘟疫。

中国是最早发明火药的国家，隋代时，诞生了硝石、硫磺和木炭三元体系火药。黑色火药在唐代（9世纪末）正式出现。火药是由古代炼丹家发明的，从战国至汉初，帝王贵族们沉迷于做神仙并长生不老的幻想，驱使一些方士与道士炼"仙丹"，在炼制过程中逐渐发明了火药的配方。唐代炼丹家于唐高宗永淳元年（682

年）首创了硫磺伏火法，用硫磺、硝石，研成粉末，再加皂角子（含炭素）。唐宪宗元和三年（808年）又创状火矾法，用硝石、硫磺及马兜铃（含炭素）一起烧炼。这两种配方，都是把三种药料混合起来，已经初步具备火药所含的成分。

火药最初使用并非在军事上，而是在宋代诸军马戏的杂技演出中，以及木偶戏中的烟火杂技——药发傀儡。宋代演出"抱锣"、"硬鬼"、"哑艺剧"等杂技节目，都运用刚刚兴起的火药制品"爆仗"和"吐火"等，以制造神秘气氛。宋人同时也以火药表演幻术，如喷出烟火云雾以遁人、变物等，以收神奇迷离之效。

一、"一带一路"促进民族交融、构建人类共同身份，最终形成人类共同体

"一带一路"是基于中国理念和情怀的全球治理新实践，是中国主导建立人类命运共同体的新探索，其"新"主要表现在以下几方面。

在指导理念上，"一带一路"倡导国家平等协商，主张摈弃实力定义一切的西方政治哲学。中国历来主张以和睦、亲善、友好的原则处理邦交关系。《左传》说："亲仁善邻，国之宝也。"《论语》说："四海之内皆兄弟也。"中国在对外关系中始终秉承"强不执弱""富不侮贫"的精神，主张"君子和而不同"。"一带一路"以"共商、共建、共享"为基本原则，强调各国应在合作中通过平等协商达成目标，确定合作领域，找到利益交汇点。中国欢迎各国结合自身国情，不分国家大小、不分宗教、不分社会制度、不分发展水平，共同参与"一带一路"建设。国之交在于民相亲，民相亲在于心相通。"一带一路"倡议把"民心相通"作为建设的重要内容，体现了中国儒家"仁得天下"的政治思想，展示了全球治理的东方智慧。

在道路实践上，"一带一路"坚持从排他封闭走向包容开放，强调各国间的合作共赢。中国文化具有"厚德载物"与"海纳百川"的大度，始终对异质文化保持开放与包容态度，能不断吸纳外部精神成果来充实自己。"一带一路"的设计充分体现了中华文明开放包容、合作共赢的价值取向。在空间上，"一带一路"虽然建设重点在亚欧非大陆，但它不是一个封闭的体系，没有一个绝对的边界，而是面向世界所有国家。中国不以意识形态和地缘利益来划界，无意建立一个排他性的地区秩序。"一带一路"通过"五大共通模式"和"六廊六路""多国多港"联通彼此，并与相关国家的倡议、战略和政策对接，由此促进生产要素的有序流动、资源的高效配置及市场的深度融合，实现各国的共同发展和繁荣。

在价值目标上，"一带一路"倡导从国家主义向世界主义升华，强调对人类的终极关怀。"国家主义"是以国家公民身份看待问题的世界观。理性主义的国际关系

理论认为，国家是类似于人的具有理性的行为体，市场存在一只"无形之手"引导各方通过博弈均衡实现国际秩序。但国际社会的无政府状态会导致"合成谬误"，即每个国家都从个体理性出发往往会造成集体层面的安全困境、贸易冲突等非理性结果。"一带一路"倡议把构建人类命运共同体作为终极目标，它超越了狭隘的民族国家视角，是中国传统博爱精神的继承与发展，是中华民族在新的历史条件下推动人类共同文明——世界文明建设的新方案。

二、"一带一路"建设体现了世界历史整体发展趋势

从整体世界史观的视角出发，我们可以清晰地看出"一带一路"伟大构想的主要内容是符合世界历史整体发展趋向的，是世界历史整体发展到和平、发展、合作、共赢新时期的产物。

其一，"一带一路"建设的目标是构建"人类命运共同体"。"构建人类命运共同体"，或者说"构建各国利益共同体"，是引领世界各国共同发展的新理念。在种理念指引下，中国的发展要带动亚太地区乃至全世界的发展。"一带一路"伟大构想把恪守联合国宪章的宗旨和原则、遵守和平共处五项原则作为其战略基础，坚持开放合作、和谐包容、市场运作和互利共赢，不以意识形态、经济发展程度等作为限制条件，对所有的沿线国家一视同仁，体现出了开放性和公平性。这一原则显然有利于打破各种壁垒阻隔，促进世界各国的合作和协作。"一带一路"伟大构想是在促进世界历史的整体发展。

其二，"一带一路"建设是实现"和平、发展、合作、共赢"的最佳路径。"一带一路"以中国为出发点，通过丝绸之路经济带联通中国—中亚—俄罗斯—欧洲（波罗的海）、中国—中亚—西亚—波斯湾—地中海、中国—东南亚—印度洋三条合作线路，通过21世纪海上丝绸之路开辟中国—南海—印度洋—欧洲、中国—南海—南太平洋两条合作线路，通过海路与陆路的同时推进贯穿亚欧非大陆。"一头是活跃的东亚经济圈，一头是发达的欧洲经济圈，中间的广大腹地国家经济发展潜力巨大。"因此，习近平主席将"一带一路"的两条线路形象地比喻为"亚洲腾飞的两只翅膀"。这种海陆并举的战略布局具有巨大的地缘包容性，必将打破南北差距不断扩大的旧地缘政治格局，构建全新的各国合作共赢、缩小南北差距的新地缘政治格局，这将是促进世界历史整体发展的强劲动力。习近平主席提出的"和平、发展、合作、共赢"理念，成为21世纪世界整体发展的新型发展模式，而"一带一路"建设则是实现各国合作共赢的有效途径。

其三，"一带一路"建设的一个重要特点是在互联互动中推进合作。"一带一路"伟大构想的合作重点包括政策沟通、设施联通、贸易畅通、资金融通和民心相通。

任何一项行动都需要与"一带一路"沿线国家相互配合才能推进，体现了中国与"一带一路"沿线各国的互动关系，将有力地促进各国各地区的联系，体现世界历史整体发展规律。"一带一路"建设采用的是双边合作与多边合作同时推进的多元化合作机制。在双边层面上，通过加强与"一带一路"沿线各国现有的双边合作关系，推动双边贸易往来，建设合作示范项目；在多边层面上，主要是利用上海合作组织（SCO）、亚欧会议（ASEM）等多边合作机制以及博鳌亚洲论坛、欧亚经济论坛等合作论坛与有关国家进行沟通并筹办贸易、文化、学术交流活动。由此可见，在"一带一路"建设的合作机制中，中国只是众多合作框架中的一员，合作中不存在所谓的"中心国家"和"边缘国家"，或者固定不变的"援助方"与"被援助方"，取而代之的是一种多对多的平等合作模式。正如习近平主席所说，"'一带一路'追求的是百花齐放的大利，不是一枝独秀的小利。"此外，"一带一路"合作的话题涉及经济、文化、艺术等多个领域，打破了传统安全观。这些都体现出了"一带一路"建设的合作机制的多元化，而这也正是世界历史整体发展的必然趋势。

其四，"一带一路"具有对全球治理格局再平衡的作用。当前的全球经济治理体系可以称之为一个没有全球政府的全球治理体系。全球性治理在绝大多数国家是行不通的，因为不同社会的喜好、情况和能力都大不相同，很难确立全球标准来实现全球性治理。由于没有全球政府，全球经济治理的经济学意义就是提供国际公共产品，而能提供"全球治理"这样体积庞大的公共物品的国家并不多。金德尔伯格认为，这样的国家必须"具备霸权国家的所有属性"。小国则缺少提供全球公共产品的动力，因为小国贡献太小，对于自己能否受益影响甚微，所以"搭便车"对它们而言更为合理。

三、"一带一路"贸易合作的创新秩序构建

近年，随着"一带一路"的整体推进，我国对外贸易发展步入全新阶段。在此过程中，除了要创新合作机制，借助和沿线国家和地区构建"贸易共同体"，针对不同格局创新差异化策略外，还应拓宽合作领域，创新合作方式，积极寻找更具特色的合作领域，发挥沿线国家的比较优势，并创新贸易服务方式，提升贸易畅通水平，以此增强彼此之间合作的针对性与互补性，为我国从贸易大国转向贸易强国奠定坚实基础。

（一）拓宽合作领域，创新合作方式

当前，中国对"一带一路"沿线相关区域的出口商品以机械设备与纺织服装为主体。对南亚地区以服装为主，对东南亚和中东欧国家以机械设备为主。在进口环节，俄蒙、中亚、西亚和中东等地区一直被视作中国能源进口的关键来源地。从目

前的经济发展状态看，此类贸易结构对"一带一路"贸易新格局构建并非十分有利。为此，需要不断拓宽合作领域，创新合作方式，注重和沿线国家的沟通与交流，通过发挥其特长与优势，发掘新的贸易增长点。比如，与中亚和东南亚沿线国家之间就电力、电气、建筑材料、交通设施和商贸旅游等加深合作，还可进行更多的基础设施方面合作等。一方面，在这些领域，我国具有显著的比较优势，而进一步培养出新的竞争优势，可以让我国的产品结构朝着更高的层次升级；另一方面，在产品和服务全面升级的过程中，能够更好地满足"一带一路"沿线国家和地区不断增长的消费诉求。也就是说，在新经济条件下，我国和"一带一路"沿线国家和地区之间进行贸易合作需要充分发挥自身的比较优势，以此达到多方利益最大化的目的。这其中，要与"一带一路"沿线现有的合作区域保持紧密联系，将其打造成彼此之间互惠合作的关键节点，借此对我国国际贸易的持续发展提供全新的动力支持。

（二）创新合作机制

"一带一路"下的贸易新格局的构建需要制定能够体现共同利益的合作目标，并要充分认识到"一带一路"沿线国家和地区之间贸易合作机制的复杂性。为此，在短期内，需要进行"软机制"的构建，针对沿线经济体敏感度较低但见效较快的领域进行贸易合作，为后续的贸易往来奠定基础。在中期内，需要持续以合作共赢为原则，加大境内自贸区和境外自贸区的建设力度，以此构建中国和"一带一路"沿线经济体的贸易合作平台。在长期内，要搭建起涵盖贸易合作与全新贸易格局的全方位合作机制。

（三）针对不同贸易格局创新差异化策略

1. 对于技术导向型经济体

中国对该类国家和地区出口机械设备和交通运输设备等资本与技术密集型产品，从其重点进口矿物燃料和润滑油以及有关原料等资源类产品的"一带一路"沿线国家和地区，这些国家和地区以资源密集型产品和技术密集型产品交易为主。在短期内保持和能源产量较大的国家、地区之间的贸易关联，借此稳定能源进口规模。在长期内，注重对能源产品的价格调控，消减贸易成本，提升议价能力。

2. 对劳动指向型经济体

中国对其出口的商品一般为依据原料分类的制成品和杂项制品。这些都属于劳动密集型产品，并从其进口矿物燃料、润滑油以及有关原料等资源类产品。这类"一带一路"沿线经济体一般以资源密集型产品和劳动密集型产品交易为主。在短期内，中国需要将重点置于畅通双边劳动密集型产品贸易之合作渠道方面。长期内，需要将合作重点放在更深层次的贸易领域。

3. 对效益互补型经济体

指"一带一路"沿线经济体和中国进行的贸易商品具有较强的互补性，借助战略协调和资源的有效配置，能够让潜在协同效益得到挖掘的沿线经济体。中国与这些经济体之间的贸易竞争较弱，互补性较强，可不断巩固原有的贸易关系，提升和这些经济体之间的贸易合作层次，从之前单一的商品贸易转向深层次的服务贸易、金融与科技合作，以及人文交流和政策协调等方面。

4. 对结构相似型经济体

指对中国出口类似商品的"一带一路"沿线经济体，应该按照不同经济体的情况进行具体分析。比如，对于对接资本和技术相对密集的产业，应提升产业转型和升级速度。借助信息技术获得更多的外部性补偿，共同甄别出具有潜在发展优势和比较优势的产业。

5. 对市场辐射型经济体

按照空间相互作用理论，"一带一路"贸易合作中具有互补性和较低干扰性以及较强运输性的经济体，这些国家和地区普遍具有区位优势和较强的市场辐射力。应该借助中国在建的贸易合作区（境内或者境外），不断延伸和深化深加工与制造业领域的投资，借此构建产业配套、实现集群式发展。借助对国家级和地区性交通、通信以及电力基础设施建设的参与，让运营与管理工作能够更好地凸显国家的主节点功能，提升重点区域的贸易辐射力。

6. 对战略前瞻型经济体

这类经济体在经济合作数量和质量方面都以小规模为主，可这类国家的地理位置特殊，具有较高的战略地位，是"一带一路"建设支点经济体，能够在维护区域贸易合作和安全往来方面发挥重要作用。中国需要在投资往来、贸易合作、对口援助等领域进行密切关照，借此构建起贸易合作的新秩序和全方位、宽领域、多层次的贸易格局。

四、"一带一路"开创了新的治理规则和治理机制

中国发起成立的亚投行就是南北发展合作模式的巨大创新。在学习现有国际开发性金融机构的治理和运营经验的基础上，亚投行积极探索新的治理和运营模式。如不设立常驻执行董事会，在明确董事会和管理部门职责基础上，借助邮件、电话和视频会议等，提高了机构的工作效率；又如，实行开放的全球采购政策，保证了项目建设的低成本。正是这些创新性治理和运营模式，再加上开放、包容、绿色等理念，使得亚投行不仅克服了目前很多国际金融机构存在的人员臃肿和效率低下的问题，更使得其在运营一年之后又迎来了更多新成员的加入。截至 2017 年 6 月，

亚投行成员国已经从其成立时的 57 个迅速增加到 80 个，目前仍有很多国家正在申请加入。

"一带一路"将推动当前全球化从"部分全球化"转向"包容性全球化"，从"自由贸易引领的全球化"转向"互联互通引领的全球化"，最终实现从"分化式的全球化"向"命运共同体式的全球化"迈进的目标。如果说，美国给世界提供的国际公共产品是安全的话，那么中国提供的国际公共产品就是互联互通。以"五通"为主要内容的"一带一路"合作倡议是中国作为地区大国向世界提供的力所能及的公共产品，符合国际社会的根本利益，彰显了人类社会的共同理想和美好追求，是对国际合作以及全球治理新模式的积极探索，是中国为世界和平发展贡献的新理念和新动力，也是中国用自身方案和行动对所谓"金德尔伯格陷阱"的最佳回应。

以"一带一路"建设为背景，我国及沿线国家和地区的对外贸易格局都将进行转型和升级，在这一契机中，各经济体不但应对此进行仔细观察和准确预测，还要借助大的政策环境不断去寻求和创造有助于对外贸易的平台和渠道，为新的贸易格局的构建奠定基础。

1. "一带一路"沿线国家和地区对外贸易商品结构会发生革命性改变。在以往对外贸易实践中，我国及"一带一路"沿线各经济体大多处在产品链条的中低端位置，一般以工农业的进出口为主要形式，在贸易配比和市场份额方面大多受到西方发达国家的制约，在很大程度上影响了对外经贸关系的构建和健康发展，也对国内经济社会的进步造成一定影响。而基于"一带一路"背景，我国发起和设立了亚投行以及丝路基金，与沿线国家和地区进行联合，加大对研发新技术、新产品的投入力度，通过多种形式鼓励大众创新创业，让沿线国家在人力、物力资源等方面的优势得以发挥，并借此创造和带动出了很多新兴产业，为繁荣沿线国家市场起到了积极作用。此外，借此机会，这些新兴产业在对外贸易中的位置和国际影响力得到了持续提升。

2. 对外贸易规模得到迅猛增加。自改革开放之后，我国对外贸易一直保持稳定健康的发展态势，在国民经济中一直充当支柱作用，在很大程度上保证了我国经济的持续和健康发展，成为我国和其他国家、地区之间保持良好政治与经贸往来的关键性支撑。而在"一带一路"倡议的大背景下，以亚投行与丝路基金为依托，包括东南亚、中亚和西亚以及欧洲部分国家的贸易潜能会得到充分激发。那些曾经和我国贸易往来较少、贸易额占比不大的国家会借助这一时机，更好地促进本国与我国之间的贸易往来，让区域经济规模得到全面提升。

3. 以"一带一路"倡议为背景，沿线国家和地区的对外贸易伙伴关系会变得更为多元。在我国以往的对外贸易中，日本、美国、法国、德国、韩国等国家一直是我国重要的贸易伙伴，和这些国家之间的贸易交往占我国对外贸易的较大比重，这就导致我国对外贸易伙伴关系单一，在很大程度上会受到政治关系限制，难以有效发挥与利用世界各地的资源、产品与市场优势。"一带一路"倡议可以被视为 2.0 版本的"改革开放"政策，将为世界创造新的需求，从而拉动世界经济的增长。在"一带一路"倡议实施之后，亚洲与欧洲部分发展中国家会发展成为我国重要的贸易伙伴，这既能平衡地区之间的发展态势，还能够优化我国的对外贸易结构，降低对发达国家的贸易依赖。

"一带一路"推动的新欧亚大陆桥建设，通过奔驰在欧亚大陆的"中欧列车"将蓬勃发展的中国西部与欧洲经济圈连接起来，为欧亚大陆带来新的商机。中国—中亚—西亚经济走廊则联通了欧亚经济联盟与"一带一路"，也将为欧亚大陆的发展打开新的空间。

第三章 "一带一路"建设与中国未来的教育

·前言·

"一带一路"建设为中国教育的改革与发展带来了新的挑战和机遇。中国的教育经过过去五年的努力，已形成全方位、多层次、宽领域的教育对外开放的格局，在培养高层次人才、推动中外人文交流、引进优质教育资源、服务"一带一路"建设等方面取得了一些成就。但随着"一带一路"建设的落地，每一个具体项目的落实既要有技术人才的沟通，也要有人文的交流，还要有法律方面的协调。这些具体问题对中国未来的教育提出新使命，对中国教育国际化的一些重点都会带来影响。过去中国的国际教育，主要关注的是美国欧洲一些发达国家，随着"一带一路"建设的需求，我们需要花更多精力与"一带一路"沿线国家开展教育合作。

·本章知识要点·

- ● "一带一路"建设与中国教育新使命
- ● "一带一路"建设引领中国高等教育国际化
- ● "一带一路"建设与中国职业教育的机遇

【情景导入】

新丝绸之路大学联盟

新丝绸之路大学联盟成立于 2015 年 11 月 26 日，由西安交通大学发起成立，已经有近 31 个国家的百余所大学加盟，并有学校陆续申请加入。

丝绸之路大学联盟在中国西部科技创新港内，吸取了西安交大、硅谷、台湾新竹工研院，以及牛津、剑桥等世界一流大学的先进经验，力争做好古丝路起点的源头创新。西安交大将在创新港打造先进的、新型的创新平台，并与韩国 LG、美国

3M、中国百度等国内外知名企业合作，建立校企联合研发中心，引领创新发展。预计创新港未来将会聚集来自世界各地 2.5 万名研究人员，为科技创新、教育改革、社会进步做出新的贡献。

（来源 西安交通大学新闻网 2015.5.22
《西安交通大学发起成立"新丝绸之路大学联盟"》）

第一节 "一带一路"建设与中国教育新使命

国之交，在于民相亲；民相亲，在于心相通。作为联通沿线各国民心的教育交流，中国正在集中发力，使古老的丝绸之路焕发出新的生机与活力。沿线国家需要什么人才，中国的教育服务就跟到哪里；产业在哪里，教育合作的触角就延伸到哪里；哪里有交流和往来，哪里就有语言学习服务。这是一场规模空前的国际教育合作行动。

一、中国未来教育的新使命

在推进"一带一路"建设、促进"人类命运共同体"建设的进程中，教育承担着独特的使命。新中国成立以来，特别是改革开放以来，我国教育顺势而为，逐步形成全方位、多层次、宽领域的对外开放格局，建成了世界最大留学输出国和亚洲最大留学目的地国。加入 WTO 以来，我国教育开放承诺水平在世界主要国家中已相对较高，有的方面高于一些发达国家，更高于一批尚未承诺开放本国教育的重要参照国。新形势下教育如何顺应新形势、抓住机遇，承担好"一带一路"建设提出的新使命与新要求是摆在我们面前的重要任务。

教育部于 2016 年 7 月 13 日印发了《推进共建"一带一路"教育行动》。该文件作为《关于做好新时期教育对外开放工作的若干意见》的配套文件，作为国家《推动共建"一带一路"愿景与行动》在教育领域的落实方案，将为教育领域推进"一带一路"建设提供支撑。

（一）教育使命

教育为国家富强、民族繁荣、人民幸福之本，在共建"一带一路"中具有基础性和先导性作用。教育交流为沿线各国民心相通架设桥梁，人才培养为沿线各国政策沟通、设施联通、贸易畅通、资金融通提供支撑。沿线各国唇齿相依，教育交流源远流长，教育合作前景广阔，大家携手发展教育，合力推进共建"一带一路"，是造福沿线各国人民的伟大事业。

中国将一以贯之地坚持教育对外开放，深度融入世界教育改革发展潮流。推进"一带一路"教育共同繁荣，既是加强与沿线各国教育互利合作的需要，也是推进中国教育改革发展的需要，中国愿意在力所能及的范围内承担更多责任义务，为区域教育大发展做出更大的贡献。

（二）合作愿景

沿线各国携起手来，增进理解、扩大开放、加强合作、互学互鉴，谋求共同利益，直面共同命运，勇担共同责任，聚力构建"一带一路"教育共同体，形成平等、包容、互惠、活跃的教育合作态势，促进区域教育发展，全面支撑共建"一带一路"，共同致力于以下几个方面。

1. 推进民心相通。开展更大范围、更高水平、更深层次的人文交流，不断推进沿线各国人民相知相亲。

2. 提供人才支撑。培养大批共建"一带一路"急需人才，支持沿线各国实现政策互通、设施联通、贸易畅通、资金融通。

3. 实现共同发展。推动教育深度合作、互学互鉴，携手促进沿线各国教育发展，全面提升区域教育影响力。

（三）合作原则

育人为本，人文先行。加强合作育人，提高区域人口素质，为共建"一带一路"提供人才支撑。坚持人文交流先行，建立区域人文交流机制，搭建民心相通桥梁。

政府引导，民间主体。沿线国家政府加强沟通协调，整合多种资源，引导教育融合发展。发挥学校、企业及其他社会力量的主体作用，活跃教育合作局面，丰富教育交流内涵。

共商共建，开放合作。坚持沿线国家共商、共建、共享，推进各国教育发展规划相互衔接，实现沿线各国教育融通发展、互动发展。

和谐包容，互利共赢。加强不同文明之间的对话，寻求教育发展最佳契合点和教育合作最大公约数，促进沿线各国在教育领域互利互惠。

（四）共建丝路合作机制

《教育行动》设计了"四方面内容"，作为引领性举措来共建丝路合作机制。

1. 加强"丝绸之路"人文交流高层磋商

开展沿线国家双边多边人文交流高层磋商，商定"一带一路"教育合作交流总体布局，协调推动沿线各国建立教育双边多边合作机制、教育质量保障协作机制和跨境教育市场监管协作机制，统筹推进"一带一路"教育共同行动。

2. 充分发挥国际合作平台作用

发挥上海合作组织、东亚峰会、亚太经合组织、亚欧会议、亚洲相互协作与信任措施会议、中阿合作论坛、东南亚教育部长组织、中非合作论坛、中巴经济走廊、孟中印缅经济走廊、中蒙俄经济走廊等现有双边多边合作机制作用，增加教育合作的新内涵。借助联合国教科文组织等国际组织力量，推动沿线各国围绕实现世界教育发展目标形成协作机制。充分利用中国-东盟教育交流周、中日韩大学交流合作促进委员会、中阿大学校长论坛、中非高校 20+20 合作计划、中日大学校长论坛、中韩大学校长论坛、中俄大学联盟等已有平台，开展务实教育合作交流。支持在共同区域、有合作基础、具备相同专业背景的学校组建联盟，不断延展教育务实合作平台。

3. 实施"丝绸之路"教育援助计划

发挥教育援助在"一带一路"教育共同行动中的重要作用，逐步加大教育援助力度，重点投资于人、援助于人、惠及于人。发挥教育援助在"南南合作"中的重要作用，加大对沿线国家尤其是最不发达国家的支持力度。统筹利用国家、教育系统和民间资源，为沿线国家培养培训教师、学者和各类技能人才。积极开展优质教学仪器设备、整体教学方案、配套师资培训一体化援助。加强中国教育培训中心和教育援外基地建设。倡议各国建立政府引导的、社会参与的多元化经费筹措机制，通过国家资助、社会融资、民间捐赠等渠道，拓宽教育经费来源，做大教育援助格局，实现教育共同发展。

4. 开展"丝路金驼金帆"表彰工作

对于在"一带一路"教育合作交流和区域教育共同发展中做出杰出贡献、产生重要影响的国际人士、团队和组织给予表彰。

二、"一带一路"教育对话举办，促进沿线国家教育交流与合作

(一) "'一带一路'教育对话：研究、决策与创新"

2017 年 11 月 27~29 日，由中国教育科学研究院主办的"'一带一路'教育对话：研究、决策与创新"在北京召开。此次会议旨在推进国家"一带一路"倡议实施和助力教育部《推进共建"一带一路"教育行动》，促进"一带一路"沿线国家加强教育交流与合作。

来自"一带一路"沿线的约 60 个国家（地区）和部分国际组织的外方代表 70

余人，以及来自中国教育部、沿线地方政府、相关高校、研究机构和中小学的代表，共 200 余人出席会议。

在开幕式上，教育部部长助理郑富芝介绍了中国在推进教育改革与发展的过程中的经验和做法，并提出三点倡议：一要创建合作研究的新机制，实现教育智库交流合作的常态化；二要构建资源共享的新模式，推动各国教育协同快速发展，实现合作共赢；三要拓展教育交流的新平台，在交流与对话中启迪新智慧，谋求新发展。

中国教育科学研究院院长田慧生在致辞中表示，教育是推进"一带一路"建设的重要引擎，并倡议通过此次对话研讨会积极构建交流学术、协同研究、资源共享的"一带一路"教育研究网络，打造高水平多层次交流合作新格局，着力共建"一带一路"教育研究共同体。

会议期间，与会代表围绕"21 世纪素养与课程创新""学生流动与跨境教育""未来的高等教育与学术流动""第四次工业革命与未来学校""创业教育与青年就业"以及"儿童早期发展与教育"等六个主题进行深度研讨。

（二）"一带一路"教育对话：第四次工业革命与未来学校分组会议

在圆满承办了第四届中国未来学校大会后，11 月 28 日，又一重量级会议——"一带一路"教育对话走进中关村互联网教育创新中心。会议的主题是第四次工业革命与未来学校，来自中国、俄罗斯、土耳其、新加坡、英国、摩尔多瓦、立陶宛、波兰、马尔代夫以及国际教育成就评价协会的近百位中外代表参加了对话。

此次分组会议是中国教育科学研究院主办的"'一带一路'教育对话：研究、决策与创新"的分组会议之一。此次会议旨在推进国家"一带一路"倡议实施和治理教育部《推进共建"一带一路"教育行动》，促进"一带一路"沿线国家加强教育交流与合作。

（三）红狮教育"一带一路"国际职业教育论坛在上海成功举办

2017 年 11 月 27 日，由红狮国际教育集团主办的"一带一路"国际职业教育论坛，在上海环球金融中心安永会计事务所隆重举行。

作为全球性的教育行业服务发展集团，红狮教育倡导"Education 教育+理念"，融合了全球教育资源，致力于建立连接未来的教育体系。集团创始人、国际教育专家陆佰豪（Patrick）表示，职业教育必须深度介入"一带一路"建设，并以此助推中国职业教育国际化的持续发展和水平提升，促进职业教育与创世界一流职业院校有机结合。

本次论坛内容丰富翔实，讨论深入，覆盖了三大焦点：一是职业教育机遇与挑战，二是职业教育全球化人才培养，三是职业教育的发展愿景。

总之,"一带一路"教育对话举办,促进沿线国家教育交流与合作,共同探讨新时代教育事业迎来的发展契机,加快构建中国"一体两翼"的教育对外开放格局——以"一带一路"倡议为主体,中外人文交流、教育国际合作与交流为两翼。

第二节 "一带一路"建设引领
中国高等教育国际化

"一带一路"伟大构想的提出为进一步推进我国高等教育国际化创造了重大战略机遇,高等教育的合作交流是实现高等教育国际化的重要方式。

一、"一带一路"建设中高等教育国际化的机遇

"扩大教育开放"在《国家中长期教育改革和发展规划纲要(2010—2020)》中独立成章,可见国家已经十分重视教育的国际交流与合作。高等教育作为我国最高层次的教育阶段,在增强我国科技实力,提升我国教育的国际地位、影响力和竞争力,培养国际化人才等方面的作用首当其冲。"一带一路"建设作为进一步提高我国对外开放水平的重大构想,也为进一步推进我国高等教育国际化,深化高等教育领域综合改革、提高教育质量提供了重大战略机遇。其立足国际视野,主张跨区域文化交流、人才培养国际化、学术组织国际化、校际合作国家化等新型理念与模式,为将我国高等教育由单向的"引进来"为主导转变为"引进来"与"走出去"相结合的双向发展提供了巨大机遇,同时也与我国高等教育领域"创建世界一流大学和高水平大学"的奋斗目标紧密契合,为推进我国高等教育国际化进程创造了良好的发展机遇。

二、高等教育服务"一带一路"建设的有效路径

1. 协同创新,打造"丝绸之路学术带"

"一带一路"建设应以卓越的学术研究作为智力支持,即要做到"学术先行"。我们应高度关注丝路沿线相关学术研究力量的汇聚整合,汇集各国政、产、学、研、用方面的智慧,努力推进协同创新,积极搭建学术交流与合作平台。以"一带一路"伟大构想为蓝本,致力推进攸关丝路经济带建设的法律、政治、经济、社会和文化等各个层面的创新合作研究;通过跨国跨域跨界协同创新攻关,拉动国内外

专家学者的学术交往联系，使其知识生产能力发挥协同效应，为创新奠定基础，进而利用文化协同创新为"一带一路"建设贡献远见卓识和智力支持。

2. 融合发展，进一步推动"丝绸之路大学联盟"

人才培养与科技合作是高等教育国际化的核心内容。"丝绸之路大学联盟"的建立为我们拓宽了高校合作的新视野。进一步推动"丝绸之路大学联盟"的细化合作、促进融合发展是未来高等教育国际化的有效路径。借助于该联盟的重要桥梁与平台，来自欧亚非大陆的多所高校能够在校际交流、人才培养、科研合作、智库建设、文化沟通等方面与联盟内高校开展形式多样的合作，进而推动"新丝绸之路经济带"沿线国家和地区大学之间在教育、科技领域的交流，同时增进各国各地区青少年之间的了解与友谊，为培养具有国际视野的高素质、复合型人才，服务"新丝绸之路"沿线及欧亚地区的发展建设铺就道路。

3. 制定人才培养计划，着力培养国际化人才

"一带一路"战略的深层推进，人才是关键。制定高层次国际化人才培养计划是培养国际化人才的战略组成部分。尤其是对精通相关外语、熟悉国际规则、具有国际视野、善于在全球化竞争中把握机遇和争取主动的国际化人才的培养。各个高等院校要结合自身办学特色和学科学术资源优势，突出重点和特色，设立高层次国际化人才计划，优化人才合作培养模式，注重人才培养质量把关，加快推进"一带一路"沿线国家来华留学生教育，加快为中资企业培养推进"一带一路"建设需要的高层次国际化人才。

4. 开展多种形式教育学术交流，增进文化理解

国之交在于民相亲，民相亲推动事有成。要通过开展学术论坛、学术研讨等多种形式的国际教育与学术交流，破解人类共同面对的资源、环境、生态等全球性问题，并在交流过程中促进沿线国家公民之间的互相认识、互相理解、互相信任和共同合作，推进高等教育外交、论坛外交，促进大学合作，通过形式多样教育学术交流的手段来深化各国各区域的人文交流，缓冲文化冲突，增进文化理解，进而为高等教育国际化提供有效路径。

第三节　"一带一路"建设与中国职业教育的机遇

　　"一带一路"建设是国家作出的重大战略决策，职业教育作为直接为经济社会提供支撑的一类教育，必须服务于国家这一重大战略。"一带一路"建设的实施为职业教育的国际化发展提供了良好的机遇；职业院校要伴随中国企业走出去，为中国企业在海外发展及时提供所需要的高素质职业技术技能人才；利用现代化手段和"互联网+"等把中国职业教育的优势传播出去，促进与沿线国家的文化交流。

一、职业教育参与"一带一路"建设的现实基础

　　改革开放 30 年来，中国职业教育快速发展，目前我国职业教育结构已经由中等职业教育为主转化为中等职业教育和高等职业教育并重。以 2014 年全国职业教育会议为界，经历了以扩大规模为重点的大力发展，进入到了丰富内涵、提升作用的新阶段。新阶段主要呈现出三个特点：在发展方向上，把持续强化与社会的联系作为方向；在发展方式上，把持续强化内涵建设作为主线；在实践路径上，把持续完善制度体系作为重点。

　　职业教育参与"一带一路"建设，必须要清醒认识沿线合作伙伴国家经济社会呈现政体国体"多样化"和经济社会处于转型期带来政策"多变化"的特点。这些国家的职业教育基础不同，必须要了解认识这些国家职业教育处在什么阶段，然后再决定如何帮助他们获得最好的职业教育。

二、"一带一路"建设对职业教育的迫切需求

　　"一带一路"的合作重点是要实现"五通"，即政策沟通、设施联通、贸易畅通、资金融通、民心相通，近期目标的重点则是道路、能源建设、电信、港口等设施的互联互通。随着 "一带一路"建设的实施，为中国相关企业大规模"走出去"提供了重要的发展机遇。但是这些企业是否真正做好了"走出去"的准备呢？已经走出去的企业，又遇到了哪些发展的难题呢？其中，铁路企业遇到的问题可以反映出中国"走出去"企业所面临的挑战。

　　近年来，随着中国高铁战略的实施，中国铁建、中国中铁、中国中车等企业国

际业务不断拓展，中国铁路设备出口已覆盖80多个国家和地区。但是中国铁路企业走出去并非一帆风顺，还存在地缘政治变化、经济发展承受力、技术标准体系兼容等制约因素，特别是国际化人才队伍在数量和质量上都无法满足企业海外业务快速拓展的需要，这已经成为制约企业国际业务进一步发展的瓶颈，主要表现为三个方面：一是缺少对目标或地区政治、经济、人文了解，熟悉国际经济运作规则，熟悉海外标书方案起草和投标业务流程的海外市场拓展人才；二是缺少海外项目经营人才；三是缺少项目全寿命周期服务的海外售后、运营、维护人才。

总体而言，企业代表深感服务"一带一路"建设人才的不足，不仅缺少懂外语、又比较熟悉当地法律和文化的项目管理和技术技能人才，更缺少工长一类的生产一线指挥人才以及能够承担对当地员工进行培训和指导的工程技术人才，迫切需要与职业院校建立起紧密的合作关系，共同培养实施"一带一路"建设所需要的人才。

三、"一带一路"建设为职业教育国际化发展提供了机遇

随着"一带一路"建设的启动，大量基础设施的建设、众多企业的落地、区域性贸易的往来等，无一不需要职业教育为之提供大批高素质技能人才的支撑，这为我国职业教育自身发展和走出去提供了重要机遇。

（一）合作办学大有可为

我国与东南亚、南亚和中亚等周边国家有着地缘优势，这些国家不仅是"一带一路"建设的优先推动区域，而且也是我国职业教育合作的重点方向。实施走出去办学战略，就是要充分发挥我国职业教育资源人才优势，输出我国优质职业教育资源，打造中国职业教育品牌。

职业教育院校走出去大有可为。教育跟着产业走，职业教育要与国家经济利益的海外存在相伴随。随着中国装备走出去的步伐不断加快，国际产能合作日益深化，这将有效拉动有关国家对技能人才的需求，为那些办学水平较高的职业教育院校到境外办学提供重要机遇。周边国家职业教育普遍比较薄弱，教育基础设施落后，产教融合程度不足，学生就业困难，对高质量职业教育有着旺盛的需求。经过多年的发展，我国职业教育办学经验丰富，优势明显。职业教育院校可结合自身办学特色举办境外分校，或是与走出去的中国企业共同设立职业技能培训中心，对接当地职业教育和职业培训需求，为当地培养新一代产业工人。

与周边国家职业教育学校共建特色专业。围绕当地"一带一路"重大建设项目工程设置相关联的专业，满足项目工程建设和后期运行对高素质劳动者和职业人才的持续需求。在制造业和服务业中科学选择和设置当地就业需求量大的专业，合作

培养人才，提高当地青年就业创业水平，促进当地社会包容性发展。扶持当地民族特色传统工艺发展，设置民族传统工艺专业，保护和传承民族文化。通过多渠道的教育融资，升级改造当地专业设施，共同制定技能标准和专业教学标准，提升教师专业素质，坚持产教融合、校企合作，培养学生就业创业能力，服务当地经济社会发展。

（二）教育交流跃上台阶

促进人文交流，实现民心相通是"五通"的重要内容，是夯实沿线各国民意基础的关键所在。我国要秉持互学互鉴、互利共赢的丝路精神，积极与周边国家开展教育交流。

促进人员交流。与周边国家建立对口交流学校关系是重要的交流形式。双方可通过定期开展校际互访交流，通过研讨会、参观访问、实地考察等形式，加深彼此了解和认识，实现思想交流、经验分享、互学互鉴，夯实伙伴关系。我国职业教育院校还可以派遣教师到伙伴学校进行支教帮教。深化职业教育交流，客观上也要求我国职业教育学校校长和教师加强自身能力建设，不断提高业务水平，加强对相关国家历史文化和教育传统的了解，提高外语交流能力。

开展学生交流。学生交流是教育交流的基础。各国都非常重视学生交流，欧盟在"伊拉斯谟+计划"框架下资助职业教育学生到其他成员国进行最多一年的学习实习。《愿景与行动》明确提出我国每年向沿线各国提供一万个政府奖学金名额，要用好中国政府奖学金，可将一定比例的名额用于周边国家职业教育学生。在对口交流学校框架下，可安排学生到对方学校进行短期学习体验和实习，拓展国际视野。

（三）境外就业天地广阔

我国大量富余优质产能向东南亚、南亚和中亚等周边国家的输出，不仅可以拉动当地对技能的需求，而且也会给我国职业教育毕业生带来参加境外项目工程建设、境外工作就业的机会。

职业院校要在政府指导协调下，与相关行业企业深化产教融合，调整专业结构，共建专业教学标准，合作培养人才，特别是要大力培养与"一带一路"建设相关联的工程技术、金融贸易等方面的应用型人才。职业院校要加强与走出去的中国企业合作，为学生提供国内境外实习锻炼的机会，共同培养一大批适应境外工作需要的、综合素质高的技能劳动者和职业人才。

我国在亚欧非和拉美等国家的国际产能合作也为中高职毕业生提供了大量的境外工作就业机会。

四、"一带一路"建设为职业教育提供多元化发展

(一) 提供对话合作平台

"一带一路"沿线有 65 个国家和地区，分为六大经济走廊，区域经济总量达 27.4 万亿美元，占据全球经济总量的 38.2%。多国家的积极参与，在金融、基础设施、文化等多方面的互通合作，无疑为促进职业教育发展搭建起一个对话合作平台。职业院校可借"一带一路"战略发展的机会"引进来"、"走出去"，学习沿线职业教育发达国家的办学经验，加强职业教育在体制机制、办学模式、人才培养等方面的探讨，开展国际间职业院校联谊会、文化节、短长期互派留学生等项目，以加强职业教育国际间的交流互动。积极推动国际合作办学，实现国际间职业院校的深层次、长期性对话合作，为促进"一带一路"建设持续实施提供人才支撑。《推动共建丝绸之路经济带和 21 世纪海上丝绸之路的愿景与行动》提出，扩大相互间的留学生规模，开展合作办学，中国每年向沿线国家提供一万个政府奖学金名额。职业院校应积极争取并充分利用这一万个政府奖学金名额，培养更多的职业教育国际化人才。

(二) 推进职业院校提质增效

现阶段我国职业教育处于由规模扩张向内涵发展转变的关键时期，职业教育发展更加注重质量效益提升和结构优化，这也反映了《十三五规划建议》关于注重创新发展，着力提高发展质量和效益的主题。职业院校在取得巨大办学成绩的同时，也存在办学同质化现象，世界一流的高水平职业院校数量相对较少，部分院校热衷于设置短线专业，以降低办学成本。同时随着我国各层次教育适龄人口的减少，中职和高职都面临一定的招生难问题，尤其是中等职业学校，根据教育部统计数据显示，2013 年中等职业教育招生人数减少 793768 人，2014 年招生人数减少 549963 人，办学压力增大，职业院校毕业生高就业率与就业质量有待提升的矛盾加剧了职业院校内外部状况的不协调。"一带一路"建设为部分省市职业院校提供新的发展思路，在理论层面职业院校以"一带一路"精神为引领，创新院校办学定位，更新办学理念，将院校发展放到全球化背景下，错位发展，积极服务。在实践层面"一带一路"倒逼职业院校不断进行改革，反思学校运营管理过程中存在的问题，密切加强校企合作，合理设置专业，提高人才培养质量。与此同时，职业教育耦合"一带一路"发展，加强国际交流合作也有助于提高我国职业教育的社会吸引力，对职业教育提质增效具有重大牵引推动作用。

(三) 显著提升职业教育国际影响力

新时期"一带一路"的交通、通信等更加便捷，为我国职业教育走向世界、提

高中国职业教育国际影响力带来更多便利。改革开放以来，我国高度重视职业教育发展，举办世界上最大规模的职业教育，在校生人数占据教育系统的半壁江山，通过建设国家示范性高职院校、国家示范性中等职业学校等项目，引领办学方式、培养模式、教学范式、评价形式、教育内容、师资队伍建设取得了跨越式发展，保持良好发展势头，为中国经济发展、城镇化推进、社会和谐做出了不可磨灭的贡献，为具有中国特色的职业教育走向世界奠定了良好基础。我国职业教育虽然与发达国家相比还存在差距，但在办学理念、办学模式、办学质量和产业支撑方面，完全可以引领发展中国家职业教育的发展。国家级、省级示范性职业院校等高水平职业院校可尝试开展国际合作办学、跨国办学，在经济密切合作等发展环境较好的国家开办中国职业院校，借鉴孔子学院国际化经验，加强中国职业教育文化推广与宣传，积极探索对职业教育发展较弱国家的援助，提高中国职业教育国际影响力、话语权。

第四编

重要组成 丝路兴邦与工匠精神

第一章　传承工匠精神　升级中国制造

· **前言** ·

　　十九大报告中提出：建设知识型、技能型、创新型劳动者大军，弘扬劳模精神和工匠精神，营造劳动光荣的社会风尚和精益求精的敬业风气。我们长期倡导的"劳模精神"与工匠精神在内核上是相通的：爱岗敬业、争创一流、精益求精、诚信踏实、艰苦奋斗、勇于创新、甘于奉献，都是其必备的气质与品质。工匠精神是一种职业精神，同时又是职业道德、职业能力、职业品质的体现，是从业者的一种职业价值取向和行为表现。当前，我国经济发展进入新常态，"一带一路"建设的实施，需要"弘扬工匠精神，打造技能强国"；崭新的中国品牌，需要一支庞大的知识型、技能型、创新型工匠大军。弘扬工匠精神，走技能成才之路，需要创新人才培养体系，补齐技工教育短板，发挥技能竞赛引领作用，营造技能人才成长发展良好环境，以大国工匠为标杆，将工匠精神内化于心、外化于行。

· **本章知识要点** ·

● 工匠精神的历史渊源
● 工匠精神的基本内涵
● 工匠精神的当代价值
● 工匠精神的培育途径

　　2016 年李克强总理的《政府工作报告》中，在说到"提升消费品品质"时，强调要"培育精益求精的工匠精神"。这是"工匠精神"这一概念第一次出现在治国安邦的文件之中，显示"培育工匠精神"的诉求，上升为国家意志和全民共识。培育工匠精神，推动制造业质量升级、技术升级、产业升级，提升产品品质，是中国建设创新型国家，实现由制造大国由制造强国迈进的必然选择。

第一节 工匠精神的历史渊源

以精益求精为核心的工匠精神在世界各国文化中都能找到其根源，各个国家由于自然资源、民族特性、历史文化的不同，形成了本国工匠文化的特征。

一、我国工匠精神的起源

我国古代工匠把自己的一生奉献给了一门职业，执着于一件技艺，发挥着自己的聪明才智，这种精神附着于精美绝伦的作品，世代相传，不仅是中华民族宝贵的物质财富，也给中华文明打下了不可磨灭的文化烙印。

1. 我国的古代工匠

早在 4300 年之前，便出现了有史可载的工匠精神萌芽。相传舜"陶河滨，河滨器皆不苦窳"，记录了舜早年在河滨制陶时，追求精工细作，并以此带动周围人们制作陶器杜绝粗制滥造的事迹。自舜帝时期开始，再到夏朝的"奚仲"，商朝的"傅说"，春秋战国的"梓庆"，工匠开始大量出现在史书之中，其演变历史也随着我国古代政治、文化、商业、科技等领域的发展而不断推进，由此形成了我国独特悠久的工匠文化和工匠精神。

工匠一词最早指的就是手工业者，他们在古代被称为"百工"，是社会成员之一。春秋末期战国初期的《周礼·考工记》是我国已知年代最久远的手工业技术文献，这本书在中国工艺美术史、科技史、文化史上有着举足轻重的地位，在当时的世界上也是独一无二的。

《考工记》把当时的社会成员划分为"王公、大夫、百工、农夫、妇功、商旅"六大类，对百工的职责做了明确界定："审曲面势，以饬五材，以辨民器，谓之百工"，也就是说工匠的职责是需要充分了解自然物材的形状和性能，对原材料进行辨别挑选，加工成各种器具供人所用，这种职业特性从本质上把工匠和那些"坐而论道"的王公区别开来，工匠成为当时除巫职之外的一个重要的专业阶层。同时，《考工记》记载："知者创物，巧者述之，守之世，谓之工。百工之事，皆圣人之作也。"这里将"创物"的"百工"称之为"圣人"，充分体现了早期的器具设计需要非凡的智慧。

图 4-1 《考工记》制箭

2. 工匠文化和工匠理念

古代工匠最典型的气质就是对自己的技艺要求严苛，精益求精，锱铢必较，同时也对自己的手艺和作品怀有一种绝对的自尊和自信。

工匠文化和工匠精神不仅是我国古代社会走向繁荣的重要支撑，也是一份厚重的历史沉淀。工匠的本质是精业与敬业，这种精神融入工匠们的血液之中，技艺为骨，匠心为魂，共同铸就了我国丰富的物质文化现象，推动了我国古代技术的创新发展，怎么能不令人心生钦佩与敬畏。

以杆秤制作为例，工匠们相信：每个秤星代表北斗七星、福禄寿等，如果所造的秤亏顾客一两，制秤人就折寿一年。

图 4-2 臻于极致的青铜典范：四羊方尊

在《庄子》中，树立起许多工匠的形象，如"庖丁解牛""运斤成风"，当工匠的技艺达到炉火纯青之时，是可以进入随心自由的境界的。

正是有精益求精的精神，有制度做保证，中国历朝历代才能不断产出名扬四海的精品，铸就东方文明古国的灿烂文化。

二、德日两国的工匠精神

据统计，全球寿命超过 200 年的企业，日本有 3146 家，为全球最多，德国有 837 家，紧随其后。为什么这些长寿的企业扎堆出现在这些国家，是一种偶然吗？事实上，它们长寿的秘诀就是它们都在传承着一种精神——工匠精神！

1. 德国的工匠精神

现在，"德国制造"闻名于世，成为品质和信誉的代名词。在这个只有 8000 万人口的国家，竟然有 2300 多个世界名牌。工匠精神已经深入德国人的骨髓，"标准主义、完美主义、专注主义和信用主义"是德国工匠精神的具体体现。

其实，进入工业化后德国制造也经过"山寨阶段"：向英、法学习，学习人家的技术，仿造人家的产品。为此，英国议会还特别通过对《商标法》的修改，要求所有进入英国本土和殖民地市场的德国进口货必须注明"德国制造"。"Made in Germany"在当时实际上是一个带有侮辱性色彩的符号。

痛定思痛，德国此后每年制定超过 1000 个高规格的行业质量标准；建立国家强制性职业培训制度，刻意将现代工业体系中的每一个"蓝领"都培养成具有工匠操守的现代技术工人。于是，德国从机械、化工、电器、光学，到厨房用具、体育用品都成为世界上质量最过硬的产品，"德国制造"成为了质量和信誉的代名词。

2. 日本的工匠精神

很多人认为工匠是一位机械重复的工作者，但其实，"工匠"意味深远，代表着一个时代的气质，与坚定、踏实、精益求精相连。日本工匠就能把这样的精神体现得淋漓尽致。

（1）贵在极致—— 树研工业的粉末齿轮

1998 年，树研工业用整整 6 年的时间，生产出当时世界上最轻的齿轮——仅十万分之一克。但是树研工业并没有因此而停滞不前。他们不断挑战自我，在 2002 年，又批量生产出重量仅有百万分之一克的粉末齿轮。这种齿轮有 5 个小齿，直径 0.147 毫米，宽 0.08 毫米，其精巧程度让人叹为观止。

（2）贵在完美——寿司之神

提到寿司，估计无人不晓"寿司之神"——小野二郎。小野二郎的一生有超过 75 年的时间都在做寿司、思考寿司，甚至做梦都梦见寿司。他对寿司倾注的心力、让无数顾客都产生敬意，并因此被誉为日本的寿司之神。

从食材开始，小野二郎对寿司制作的每一个细节都苛求完美。他会除了工作以外永远带着手套以保护他制作寿司的双手，甚至睡觉都不曾摘下；他为求一个完美的蛋卷，在徒弟失败几百次后才给予认可……在小野二郎的寿司店里，与其说是在做餐饮，不如说是在料理店里修行。

第二节　工匠精神的基本内涵

在《现代汉语词典》中，工匠的解释是"手艺工人"，即具有专门技艺特长的手工业劳动者。现在对工匠的理解除了手艺人之外，还包括技术工人或普通熟练工人。

一般认为，工匠精神包括高超的技艺和精湛的技能，严谨细致、专注负责的工作态度，精雕细琢、精益求精的工作理念，以及对职业的认同感、责任感。可见，工匠精神是一种职业精神，它是职业道德、职业能力、职业品质的体现，是从业者的一种职业价值取向和行为表现。它的基本内涵包括敬业、精益、专注、创新等方面的内容。

一、爱岗敬业

敬业是从业者基于对职业的敬畏和热爱而产生的一种全身心投入的认认真真、尽职尽责的职业精神状态。中华民族历来有"敬业乐群""忠于职守"的传统，敬业是中国人的传统美德，也是当今社会主义核心价值观的基本要求之一。工匠精神实际是一种敬业精神，是每个人对质量的要求不断提升，对工作岗位上的每一件事都不能放松。

高凤林是火箭院所属的首都航天机械公司的一名航天特种熔融焊接工，37年来一直专注于火箭发动机焊接工作，被称为火箭"心脏"的焊接人。我国长三甲系列运载火箭、长征五号运载火箭的第一颗"心脏"——氢氧发动机推力室及喷管等，都出自他手中。作为一名普通航天人，他几十年如一日，勤勤恳恳工作，为我国90多发火箭焊接过"心脏"，占到我国火箭发射总数的近四成，助推了我国航天强国和世界科技强国建设。

二、精益求精

所谓精益求精，是指已经做得很好了，还要求做得更好。正如老子所说，"天下大事，必作于细"。

航空工业要的就是精细活，大飞机的零件加工精度要求达到十分之一毫米级，胡双钱说："有的孔径公差，相当于人的头发丝的三分之一。"

胡双钱是中国商飞大飞机制造首席钳工，人们都称赞他为航空"手艺人"。他以"精益求精，追求完美，打造极致"的工匠精神，在平凡的岗位上做出了不平凡的业绩。

三、执着专注

执着专注就是内心笃定而着眼于细节的耐心、执着、坚持的精神，这是一切"大国工匠"所必须具备的精神特质。从中外实践经验来看，工匠精神都意味着一种执着，即一种几十年如一日的坚持与韧性。在中国早就有"艺痴者技必良"的说法。

冈野信雄，日本神户的小工匠，30多年来只做一件事：旧书修复。在别人看来，这件事实在枯燥无味，而冈野信雄乐此不疲，最后做出了奇迹。任何污损严重、破烂不堪的旧书，只要经过他的手即光复如新，就像被施了魔法。

四、创新进取

"工匠精神"强调执着、坚持、专注甚至是陶醉、痴迷，但绝不等同于因循守旧、拘泥一格的"匠气"，其中包括着追求突破、追求革新的创新内蕴。这意味着，工匠必须把"匠心"融入生产的每个环节，既要对职业有敬畏、对质量够精准，又要富有追求突破、追求革新的创新活力。事实上，古往今来，热衷于创新和发明的工匠们一直是世界科技进步的重要推动力量。改革开放以来，"汉字激光照排系统之父"王选、"中国第一、全球第二的充电电池制造商"王传福、从事高铁研制生产的铁路工人和从事特高压、智能电网研究运行的电力工人等都是"工匠精神"的优秀传承者，他们让中国创新重新影响了世界。

第三节 工匠精神的当代价值

在中国从制造大国迈向制造强国的进程中，工匠精神被赋予了新的时代内涵。同时，工匠精神作为一种优秀的职业道德文化，它的传承和发展契合了时代发展的需要，具有重要的时代价值与广泛的社会意义。

一、社会文明进步的重要尺度

从精神文明来看，"工匠精神"作为一种职业精神，在本质上它是同社会主义核心价值观特别是同其中的"敬业""诚信"要求高度契合的。从物质文明来看，"工匠精神"在物质文明的创造过程中可以发挥强大的精神动力及智力支持作用。

二、中国制造前行的精神源泉

经过改革开放近40年的发展，我国早已成为世界第一制造业大国。尽管我们成了"世界工厂"，但却依然缺少真正中国创造的东西，甚至一些外国人将其等同于"山寨"产品。这严重损害了中国企业和中国品牌的形象。在许多业内人士看来，我国制造业大而不强，产品质量整体不高，背后的重要根源之一就是缺乏具备工匠精神的高技能人才。中国要迎头赶上世界制造强国，成功实现中国制造2025战略目标，就必须在全社会大力弘扬以工匠精神为核心的职业精神。只有当工匠精神融入生产、设计、经营的每一个环节，实现由"重量"到"重质"的突围，中国制造才能赢得未来。

三、企业竞争发展的品牌资本

塑造良好的品牌形象，有效开发、经营品牌资本，是企业参与市场竞争、占领市场至高点的重要手段。事实上，工匠精神在企业品牌形象塑造和品牌资本创造过程中具有十分重要的作用。工匠精神也是企业品牌内涵的重要体现，也是企业品牌知名度、美誉度以及顾客忠诚度培育的有效途径，更是企业品牌资本价值增值的重要来源。

四、员工个人成长的道德指引

尊重员工的价值、启迪员工的智慧、实现员工的发展，不仅是员工个人成长的强烈需求，同时也是现代企业的责任和使命。而工匠精神作为一种职业精神，是企业员工提升个人精神追求、完善个人职业素养、实现个人成长进步的重要道德指引。企业员工所具有的高尚职业操守和强烈工匠精神，同拥有较高专业知识技能一样，是其自身立足职场的重要条件和在未来职业生涯中脱颖而出的制胜法宝。

第四节　工匠精神的培育途径

如今全社会已经形成了一个强烈共识，这就是在中国必须加强、加快工匠精神的培育。那么，其路径何在呢？

1. 形成良好的社会氛围

在全社会形成尊重工匠、崇尚工匠精神的良好社会氛围，是培育和弘扬工匠精神的必要条件。在我们的文化传统里，工匠在古代等级社会中一直处于社会下层，在职业"士农工商"的排名中，工匠往往不入统治者的"法眼"而被归为"三教九流"。当代中国虽早已是世界工厂，但社会和企业依然缺乏对工匠和工匠精神的重视和尊重。反观欧美，古时的出色工匠，可以跟艺术家和作家齐名，地位是非常高的。在全社会形成尊重工匠、崇尚工匠精神的氛围，其实质是对劳动、知识和创造的尊重。这既是培育和弘扬工匠精神的必要条件，也是社会文明进步的重要表征。

2. 健全职业培养机制

有资料表明，我国制造业生产一线技工特别是具有工匠精神的高级技能型人才的短缺，已经成为制约我国成为制造业强国的瓶颈。那么，如何健全技能型人才职业培养机制呢？

一要深化现代职业教育改革；二要继承古代"师徒制"教育传统；三要实行国家工匠技能认证制度。

3. 必须建立激励保障制度

建立科学有效的激励保障制度是工匠精神得以延传和发扬不可或缺的重要措施。

一要建立传统工匠技艺知识产权保护制度；二要建立濒临失传的传统工匠技艺抢救制度；三要建立优秀民间传统技艺表彰奖励制度；四要建立名品优品特品甄别认证制度。

第二章　培育高技能人才　打造技能强国

· 前言 ·

　　高技能人才是在生产、运输和服务等领域岗位一线，熟练掌握专门知识和技术，具备精湛操作技能，并在工作实践中能够解决关键技术和工艺操作性难题的人员。他们是各行各业产业大军的优秀代表，是技术工人队伍的核心骨干，在加快产业优化升级、提高企业竞争力、推动技术创新和科技成果转化等方面具有不可替代的重要作用。更多更快地培训高技能人才，被视为我国提升国家核心竞争力的战略举措。

· 本章知识要点 ·

- ● 高技能人才推动经济社会发展
- ● 完善高技能人才培养机制
- ● 世界技能大赛
- ● 把握"一带一路"新机遇，推动技工教育"走出去"

第一节　高技能人才推动经济社会发展

　　随着时代的发展进步，人们对高技能人才队伍建设重要性的认识不断提高。加快自主创新，主体在企业，而提高企业的核心竞争力，不仅需要掌握核心技术的科研人员，还需要一大批掌握现代生产制造技术的高技能人才。

　　实践证明，高技能人才在自主创新中发挥着不可替代的重要作用。"金牌工人"许振超创造的"六连环"工作法和集装箱桥吊高效操作法，极大地提高了青岛港集装箱公司的工作效率，为企业赢得了丰厚的利润。"创新尖兵"罗东元在铁路电气设备维修工作中，完成了 100 多项技术革新项目，获得数项国家专利，为企业创造效益、节省投资超过 3000 万元。

在全国，各产业行业的众多企业通过组织立项攻关、难题招标等形式，向技术工人交任务、压担子，利用这种特殊的方式来发现和使用人才。

高技能人才发挥作用的实际表明，全面建设小康社会宏伟目标的实现，需要不同层次的各类人才来保证，既需要具有开拓能力的企业家、站在世界科技前沿的高级专家，同时也需要具备精湛技艺和高超技能的高技能人才以及各类实用人才。加强高技能人才队伍建设，有利于促进人力资源的深度开发，全面提升劳动者素质，为广大劳动者开辟技能成才的广阔通道，不断提高技能劳动者的社会地位和经济地位，营造人才辈出、人尽其才的社会氛围，也对促进人的全面发展，构建社会主义和谐社会，具有深远意义。

第二节　完善高技能人才培养机制

一、重视政府引导，提速高技能人才培养

人力资源和社会保障部有关负责人在中国苏州技能人才校企合作博览会上指出，技能人才特别是高技能人才供不应求的问题，在当前经济复苏过程中，通过长三角、珠三角招工难的现象，体现得更加突出；在下一步转变经济发展方式中，更会形成重大的挑战。

国家相继出台高技能人才队伍建设中长期规划、高技能人才振兴计划、加强企业技能人才队伍建设的意见、世界技能大赛参赛管理办法等政策措施。国家层面建设 476 个高技能人才培训基地、594 个技能大师工作室，实施技师培训项目，中央财政累计投入资金 20.5 亿元，带动地方同步推进省市级项目建设，高技能人才培养能力得到较大提升。到 2016 年底，全国高技能人才达到 4791 万人。

在政府部门的引导下，大部分企业逐步开始建立健全职工培训制度，制定职工培训规划，加强对职工的上岗培训和技能提升培训。与此同时，鼓励和引导技工院校加强与企业合作，创新培养模式，实现学校培养与企业岗位实际需求的"零距离"衔接。

第四编丨重要组成 丝路兴邦与工匠精神
第二章 培育高技能人才 打造技能强国

二、科学考核评价，畅通高技能人才成长通道

经过多年的探索和实践，我国高技能人才的考核评价制度正逐渐得到完善。

——多数省市已经突破年龄、资历、身份和比例限制，对各类企事业单位中在生产、服务一线工作，掌握高超技能、业绩突出的高技能人才，允许破格或越级参加技师或高级技师考评。

——技师考评更加紧密结合企业生产实际，一批管理规范、技能人才密集且培养成效显著、鉴定工作基础好的国有大中型企业已开展技能人才评价试点工作，开始探索与企业生产实际紧密结合的技能人才评价模式。

——院校职业资格认证得到大力推进。预备技师考核实施办法逐步完善，预备技师考核试点工作已经稳步推进。

——农民工专项职业能力考核逐步推广，在加工制造、建筑环卫、饮食服务等农民工就业较为集中的行业领域，已选择了 50 多个职业（工种）开展专项职业能力考核试点工作。

三、完善使用和激励机制，促使高技能人才人尽其才

人才以用为本。而完善高技能人才的激励机制，则是用好高技能人才的重要举措。近年来，各地各部门纷纷打破体制障碍和政策壁垒，完善高技能人才的使用和激励机制，疏通高技能人才的流动渠道，确保了高技能人才的合理有序流动。而高技能人才政府津贴制度、"首席技师"、"首席员工"等制度的逐步推广使用，使高技能人才的创造活力进一步迸发。

鼓励和引导企业建立培训、考核、使用、待遇相挂钩的机制。一些国有大型企业对高技能人才实行岗位绩效工资加技能津贴的收入分配制度，对作出突出贡献的还给予重奖，并运用股权分配办法，进行长效激励。

与此同时，为加速培养大批具有优秀品质和高超技艺的技术工人，引导广大工人钻研技术业务，走岗位成才之路，加大宣传优秀技术工人和能工巧匠的先进事迹，表彰他们为企业、为国家作出的突出贡献，劳动和社会保障部（原劳动部）从 1995 年开始，会同 46 个行业主管部门和各省、市建立了"中华技能大奖"（以下简称"大奖"）和"全国技术能手"（以下简称"能手"）评选表彰制度。"大奖"和"能手"的表彰和奖励是中国政府对技术工人技术、技能水平的最高奖励，其获奖人员是经过国家和省（行业）两级评审出来的本行业、本工种最高技术水平的突出代表。

宝剑锋从磨砺出，梅花香自苦寒来。经过多年的努力，我国高技能人才队伍规

模不断扩大，结构逐步优化。

壮大高技能人才队伍，夯实人才培养体系是关键。目前，我国基本建立了以企业行业为主体、职业院校为基础、学校教育与企业培养紧密联系、政府推动与社会支持相互结合的高技能人才培养体系。

高技能人才培养体系的建立，一是发挥政府引导作用，加快高技能人才培养。二是发挥企业主体作用，促进职工岗位成才。三是发挥技工院校基础作用，校企合作培养高技能人才。

第三节　世界技能大赛——成就梦想的舞台

一、世界技能大赛及其组织机构

图 4-3　世界技能组织

世界技能组织是一个非政府、非盈利、跨国运作的国际性组织。其宗旨是通过各会员之间的合作，促进职业技能水平的提高，在世界范围推动职业技能事业发展。主要活动为每年举办一次世界技能组织大会和每两年举办一次世界技能大赛。截止 2017 年 3 月，世界技能组织共有 77 个国家和地区成员。

世界技能大赛是最高层级的世界性职业技能赛事，每届大赛由世界技能组织和主办国联合举办，被誉为"世界技能奥林匹克"，其竞技水平代表了各领域职业技能发展的世界先进水平。

图 4-4　世界技能大赛

经国务院批准，我国于 2010 年 10 月正式加入世界技能组织。2017 年在阿联酋阿布扎比举办的第 44 届世界技能大赛上，我国派出 52 名选手参加了 47 个项目的比赛，获得 15 枚金牌、7 枚银牌、8 枚铜牌和 12 个优胜奖，居金牌榜、奖牌榜和团体总分首位。

我国此次参赛不仅金牌榜、奖牌榜和团体总分均居榜首，还斩获"阿尔伯特大奖"。阿尔伯特大奖是以世界技能组织创始人阿尔伯特·维达先生的名字命名，用于奖励每一届世界技能大赛中获得所有参赛项目最高分的选手，堪称"世界技能的巅峰""金牌中的金牌"。

二、世界技能大赛的特点

1. 先进性

世界技能大赛的竞赛理念、技术标准、比赛规则、工作流程和组织方式代表了当今世界职业技能领域的最高水平。世界技能组织有一套完整而严密的竞赛项目设立和取消制度，以确保竞赛项目能够体现全球行业发展趋势和业界最新动态。每个竞赛项目都严格按照科学、规范的流程，从最新的企业生产和服务实践中进行归纳梳理，来制定技术标准，以确保技术标准和据此设计的比赛题目能够充分体现该职业所需要的最新职业能力。

2. 开放性

世界技能大赛都是在大型会展场馆举行，面向社会公众全面开放，每届大赛期间都有大量的中小学生、社会公众观摩。此外，组织方一般还会同期举行"一校一队"、技能体验、技术交流等活动，促进技术技能的展示与传播。各个国家和地区的专家、教练、选手以及从事职业教育培训工作的相关人员也会在比赛之余，进行技术交流。

3. 规范性

世界技能大赛秉持"公平、公正、公开"的原则，试题开发、评分标准、评分流程、成绩确认等环节均有严格的规范性程序要求，特别注重规则意识、质量意识、安全意识、绿色环保意识。这些都对我国开展职业技能竞赛工作有积极借鉴意义。

三、做大国工匠

2017 年 11 月 21 日，中共中央政治局常委、国务院总理李克强在中南海亲切会见在第 44 届世界技能大赛上取得优异成绩的中国选手。他说，推动中国制造和服务迈上中高端，实现经济高质量发展，新一代青年技能人才肩负不可替代的使命。

李克强总理指出，中国经济要迈上中高端，劳动者的职业技能首先要迈上中高端，希望全国技能人才钻研技术，精益求精，在平凡的岗位做出不平凡的业绩，用勤劳和智慧创造更多社会财富和美好人生。

第四节　把握"一带一路"新机遇
　　　　推动技工教育"走出去"

近年来，中国与世界各国、各地区的技能合作与交流不断加强，合作共赢的技能友谊之花灿烂绽放。

2015 年，习近平主席在南南合作圆桌会上宣布，将向发展中国家提供"6 个 100"项目支持，其中包括 100 所学校和职业培训中心，为发展中国家培养 50 万名职业技术人员。相信 2021 年在上海举办的第 46 届世界技能大赛将进一步拉近中国与世界的距离，推动这些国际技能交流合作项目更有效地实施。

图 4-5　2017 年 10 月 13 日，上海成功申办 2021 年第 46 届世界技能大赛

中国积极参与世界技能大赛等活动，有利于深化中国与世界各国和地区在职业技能领域的交流合作，促进提高中国职业教育培训水平；有利于大力弘扬精益求精的工匠精神，营造尊重劳动、崇尚技能的社会氛围；有利于展示中国经济社会发展成就，提升中国国家影响力。

2017 年 5 月 14~15 日，"一带一路"国际合作高峰论坛在北京举行。习近平主席作主旨发言，希望通过政策沟通、设施联通、贸易畅通、资金融通和民心相通五大重点合作内容，搭建互动平台，积极创造国际合作创新机会。这给"一带一路"沿线国家和地区带来发展机遇的同时，也给我国的技工教育带来了新契机。

"一带一路"建设的重点合作内容与技工教育休戚相关。合作与建设是"一带一路"的关键内容，在民心相通方面，我国提出要"积极开拓和推进与沿线国家在青年就业、创业培训、职业技能开发等的合作"。为我国企业实施"走出去"及国外企业培养合格的技术技能型人才，这正是我国技工教育的重要目标。

2016 年 12 月，人社部印发《技工教育"十三五"规划》，提出要配合国家"一带一路"倡议，扩大与"一带一路"沿线国家的技工教育合作。探索对发展中国家开展技工教育和技能培训援助，支持优质技工院校取得接收国外留学生资质，招收并培养外籍学生。

"一带一路"倡议给我国技工教育带来了新机遇，同时，也提出了新要求和新希冀。

首先，以专业设置、课程体系调整为先导，技工院校应培养更多具有国际视野的学生。政府及技工院校应借鉴国外先进理念和培养模式，积极调研市场需要，开发一些与"一带一路"建设相关的专业；积极与国外知名行业协会和院校合作，引进国外专业课程体系；畅通技工院校学生出国（境）短训、出国留学和校长教师海外培训的渠道，提升学生的外语能力以及跨文化交流能力。

其次，以对外援助、中国制造为载体，鼓励更多的技工院校走出去。目前，我国很多技工院校开始与国外开展交流合作，但总体来说，我国技工院校对外交流程度仍然不够。实现"民心相通"，就要广泛开展与"一带一路"国家和地区的合作办学、师生交流、合作研究，尤其是在装备制造、能源等先进制造业方面加强技术援助和技能培训，以此提升我国技工教育的开放水平。这也是技工教育"十三五"规划提出的要求。

最后，以政策沟通、会议论坛为桥梁，搭建技工教育交流平台。一是政府之间可加强技工教育政策方面的沟通与协调，降低技工教育合作门槛。二是举办相关论坛、会议，分享经验，根据合作国家的不同特点，有针对性地输出和引进实用、成熟、便捷技术技能和有特色的技工教育经验。三是建立网络信息平台，打造技术技能型人才大数据信息库，实现技能人才的信息共享，也为我国企业走出国门提供便利，从而真正实现我国与"一带一路"沿线国家和地区在教育、经济、文化上的共享。

【德能文化融入】

"大国工匠"朱林荣："焊卫"高铁安全 永远追求极致

快捷平稳、安全舒适一直是高铁动车组的标签，在这标签背后凝聚着无数铁路人的辛勤汗水。上海铁路局芜湖北焊轨基地副主任、高级工程师朱林荣就是一名高铁安全的"焊卫者"。

朱林荣在铁路部门工作已经有35年了，关于焊轨的那些事儿，他有绝对的发言权。他参与改进的技术和设备曾多次获得不同级别的科技进步奖，被誉为中国焊轨界电气专家。

焊接钢轨 每一道工序都要做到满分

长钢轨相较于普通长度的钢轨能使列车运行更平稳，安全系数更高。但长钢轨的焊接工艺复杂，科技含量高。焊接一根500米长钢轨，要经过伤损检测、除锈除湿、配轨、焊接、热处理、钢轨时效、精调直等十余道关键工序，最后经检验合格才能出厂。

朱林荣打了个比方："如果每道工序的完成效果可以分别打90分，那么两道工序下来只能得81分，最后所有工序都进行完，成品反而可能不及格"。

因此他要求"每一道工序都要达到满分"。

优化设备 借科技实现人的合理偷懒

采访中，朱林荣表示，自己平常没什么别的兴趣爱好，想的最多的就是工作。多年来，他主持或参与的科研项目多次获铁道部、路局、上海市科技成果奖，他提出的合理化建议多次获得路局合理化建议奖。在长钢轨焊接流程中，处处都有朱林荣的研究成果。

钢轨焊前除湿装置就是其中之一，它还荣获了2015年上海局科技进步奖三等奖。

钢轨焊前除湿装置集除冰、除湿、除浮锈为一体，通过机械擦拭和风干解决了特殊天气下难以开展工作的问题。

流水线上的很多工序中都实现了半自动化，将简单却耗时的工作交给机器处理，大大解放了技术工人们的双手。朱林荣打趣地说到，"科技的发展可以让人类合理地偷懒"。

大国工匠　没有最好只有更好

能利用科学技术让工人们"合理偷懒"的朱林荣，在自己的工作学习上非常勤奋。

工作上，他从实习生、电工到安全员、技术员，再到助理工程师、工程师、高级工程师，一直在实现着更高的目标。

"没有最好，只有更好。"朱林荣眼中的"大国工匠"精神完美地体现在他的人生轨迹中。朱林荣不仅对自己严要求，对工人们也有高要求。被先进设备解放了双手的技术工人不能"只会按按钮"，而要了解机器的运行原理和维修知识，不断完善知识，才能够越做越好，保证钢轨品质。

不断创新　追求完美的路上不畏困难

在介绍自己的研发成果时，朱林荣如数家珍、滔滔不绝，语气中透着自信。现在已经是科技达人的他，在谈起自己去瑞士交流学习的往事时，语气中仍会流露出佩服和震撼。

朱林荣透露，在打磨钢轨焊缝时，仍需要人工手动打磨，费力费时，但由机器替代却又缺乏灵活性。朱林荣想，以后用人工智能机器人来代替工人为钢轨的焊缝进行打磨，而这个构想实现过程中可能会出现的各种困难，他并不怕。

虽说没有最好，只有更好，但同时朱林荣也认为，既然决定了要做一件事，就要思考如何才能将它做到完美。在不久的未来，朱林荣会用着更好的钢轨焊接流水线生产出更优质的长钢轨，"焊卫"更安全的高铁动车。正是因为朱林荣这样的大国工匠的不断努力，才有每分每秒都在变得更好的中国。

（来源　国际在线　2017.04.28）

参考文献

[1] 龚雯，田俊荣，王珂.新丝路：通向共同繁荣[N].人民日报，2014-06-30（01）.

[2] 冯巍，程国强.国际社会对"一带一路"倡议的评价[N].中国经济时报，2014-7-14（05）.

[3] 盛毅，余海燕，岳朝敏.关于"一带一路"战略内涵、特性及战略重点综述.宏观经济研究，2014（11）：30-38.

[4] 申现杰，肖金成.国际区域经济合作新形势与我国"一带一路"合作战略 [J].宏观经济研究，2014(11)：30-38.

[5] 张茉楠，全面提升"一带一路"战略发展水平 [J] .宏观经济管理，2015（02）：20-24.

[6] 剧锦文 经济日报[N]中国社会科学院 2015/4/2 第 13 版.

[7] 王义桅"一带一路"机遇与挑战[M]人民出版社 2015.

[8] 新华社."一带一路"国际合作高峰论坛成果清单[EB/OL].http：//news.xinhuanet.com/world/2017-05/16/c_1120976848.htm.

[9] 金嘉捷."一带一路"项目批量多点落地 沿线国家新投资将迎高峰[N].上海证券报，2017-05-13（03）.

[10] 中国电信与阿富汗电信启动丝路光缆项目 以"容量银行"创新模式服务"一带一路"信息建设 [EB/OL].http：//www.cnii.com.cn/telecom/2017-11/07/content_2009418.htm.

[11] 戚易斌.中国"一带一路"大项目相继开工 带动东南亚经济发展[EB/OL].http：//world.huanqiu.com/hot/2017-08/11126885.html）

[12] 张晓哲.打开机遇之窗，共筑梦想之门——"一带一路"建设近三年成果显著 [N].中国经济导报，2016-08-16（A02）.

[13] 人民日报朱磊，李亚楠，张丹华.同我国签订文化交流合作协定的沿线国家达 60 多个[N].人民日报 2017-05-17（09）.

[14] 姜隅琼."一带一路"首个大型水电项目主体工程开工[EB/OL].http：//www.cs.com.cn/xwzx/cj/201601/t20160111_4881979.html.

[15] 严冰，田佩雯，罗楚江.希腊比雷埃夫斯港 9 年巨变—— 中希合作擦亮"海丝"明珠[N].人民日报海外版，2017-05-30(01).

[16] 中日竞标，印尼高铁将落谁手 中方近日正式向印尼递交项目报告[N].大河报，2015-8-14（A17）.

[17] 法媒称"一带一路"正改变世界：中国重回世界超级大国象征[N].参考消息，2017-11-25.

[18] "一带一路"开启非洲发展梦想 摩洛哥：一切都改变了 [N].参考消息，2017-11-29.

[19] 珠海中拉经贸合作园揭牌 推动拉美融入"一带一路" [N].参考消息，2017-11-17.

图书在版编目（CIP）数据

"一带一路"简明教程 / 罗平超, 游玉庆, 战振强

主编. -- 北京：中国书籍出版社, 2018.3

ISBN 978-7-5068-6794-8

Ⅰ.①一… Ⅱ.①罗… ②游… ③战… Ⅲ.①"一带
一路"-高等职业教育-教学参考资料 Ⅳ.①F125

中国版本图书馆 CIP 数据核字(2018)第 054822 号

"一带一路"简明教程

罗平超　游玉庆　战振强　主编

责任编辑	姜　佳　戎婧铱
责任印制	孙马飞　马　芝
封面设计	范　荣
出版发行	中国书籍出版社
地　　址	北京市丰台区三路居路 97 号（邮编：100073）
电　　话	（010）52257143（总编室）　　　（010）52257140（发行部）
电子邮箱	eo@chinabp.com.cn
经　　销	全国新华书店
印　　刷	荣成市印刷厂有限公司
开　　本	787 mm × 1092 mm　1 / 16
字　　数	237 千字
印　　张	12.5
版　　次	2018 年 3 月第 1 版　　2018 年 3 月第 1 次印刷
书　　号	ISBN 978-7-5068-6794-8
定　　价	28.00 元